商业银行保兑仓培训

立金银行培训中心　著

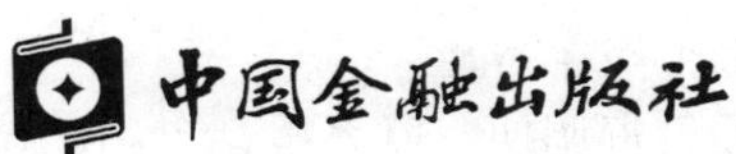

责任编辑：贾　真
责任校对：潘　洁
责任印制：丁淮宾

图书在版编目（CIP）数据

商业银行保兑仓培训（Shangye Yinhang Baoduicang Peixun）/立金银行培训中心著．—北京：中国金融出版社，2011.10
ISBN 978－7－5049－6083－2

Ⅰ．商…　Ⅱ．①立…　Ⅲ．①商业银行—银行业务—中国
Ⅳ．①F832.33

中国版本图书馆 CIP 数据核字（2011）第 178349 号

出版
发行　中国金融出版社
社址　北京市丰台区益泽路 2 号
市场开发部　（010）63266347，63805472，63439533（传真）
网 上 书 店　http：//www.chinafph.com
（010）63286832，63365686（传真）
读者服务部　（010）66070833，62568380
邮编　100071
经销　新华书店
印刷　北京松源印刷有限公司
装订　平阳装订厂
尺寸　169 毫米×239 毫米
印张　12.75
字数　203 千
版次　2011 年 10 月第 1 版
印次　2012 年 11 月第 2 次印刷
定价　28.00 元
ISBN 978－7－5049－6083－2/F.5643

立金银行培训教材编写委员会

主　　编：陈立金

副 主 编：云晓晨　马翠微

编写成员：索　利　张的用　赵　辉

白　彭　江建伟　唐　娜

李　丹　严　硕　翟　丽

前　言

我们能够点石成金

我做了多年的银行客户经理，知道客户经理需要什么，所以撰写了本书。通过本书，给广大客户经理展示神奇的保兑仓产品。希望通过立金银行系列培训教材，可以为商业银行培养王牌客户经理。

客户经理是客户最需要的人，相信我们能够点石成金，能够化腐朽为神奇。

一、一次保兑仓营销经历

我曾经代表总行营销过珠海本地的明星企业——珠海格力电器。接触的经历令我印象非常深刻，当初财务总监非常强势："我们现在很好了，不需要新增银行了。"让我碰了一鼻子灰。

我们总结，这种营销方式的切入点不对，应当从客户最感兴趣的销售环节入手。后来，我们通过当地的一个经销商约了销售总监，结果销售总监非常豪爽。

"银行的朋友，找我干什么？"

"我们希望帮助格力电器销售空调。"

"什么？哥们，银行要经销空调了？"

"不是，我们可以帮助你的经销商融资，定向向你采购空调。"

"你仔细说说！"

结果，这样一来一去，搞定了格力电器的保兑仓网络，我们成了国内第一家和格力电器合作的保兑仓商业银行。

这次营销经历让我深刻领悟到，要关心客户的需要，客户只会为能够满足他需要的银行提供存款。

客户愿意付费是因为你能够满足他的需要。你需要什么，客户不会关心，客户只会关心他自己的需要。

没有我们，格力电器销售的情况也很好，但是我敢说，如果没有保兑仓，绝对不会有今天的格力电器，可谓一代家电之王。

保兑仓的神奇之处就是帮助格力电器建立了强大的销售体系，实现了销售的成倍增长，提前实现了巨大的资金流。

银行是经营信贷的，信贷对客户而言就是做生意的本钱，也就是做生意的资本。资本越大，生意就可以做得越大。我们可以帮助客户做大生意规模，帮助客户赚更多的钱。

客户经理在与客户打交道的过程中千万不要有任何的畏惧之心，客户需要我们，我们可以帮助客户赚更多的钱。我们是客户的“财神爷”。

二、真正了解你的客户

作为客户经理，千万不要将对客户的了解停留在表面上，要真正了解你的客户，了解他做生意的模式。控制风险不是因为有了担保和抵押，而是你对客户有着深入骨髓的了解。你要搭上你的时间和精力，经常去客户那里了解一下情况，主动帮助客户解决一些问题。

了解客户要从客户的采购、销售、资金管理、商业模式等各方面进行透彻的分析，对客户经理的偏好、经营作风都要极为了解。

很多客户经理说客户多元化经营、经营模式不透明等，风险很大。其实，这不全对，如果你能够深入了解客户，知道其中经营的规律，风险不会很大。比如今天的宁波雅戈尔集团，从事服装、地产、金融投资，哪个行业都做得非常突出，你能说多元化有风险吗？

三、对有潜力的客户全力下注

对于现在已经名扬天下的大客户，你去营销，很难搞定多少存款。最好的方式是在企业很小、刚开始发展的时候就进入，给这些企业提供融资、融智，手把手扶持这些企业发展，敢于在这些企业实现跳跃性发展的时候推上一把，你将终身从这些客户身上获益。

我最早接触过国美电器，眼看着它从婴儿成长为巨人，而同时代的很多家电经销企业已经灰飞烟灭。

还在国美电器很小，在北京刚有营业网点的时候，我们就接触到了对方。起初提供了3 500万元的银行承兑汇票，30%保证金。后来，我们发现，这家公司的周转速度非常快，账面经常有大量现金，为了帮助客户理财，我们劝说客户利用这些现金提前封闭银行承兑汇票敞口，提供定期存款利息。国美电器非常感兴趣，结果我们的存款很快增长。

后来，国美电器在全国各地开店，我们同样同步提供了支持。国美电器成为家电零售老大，年销售额超过400亿元，我们的存款也超过了10亿元。

我总结，对看中的客户，发现这个客户很有潜力，而且这个客户经营很有章法的时候，就应全力下注，跟上这个客户的发展，分享客户成长的果实。

做客户经理千万不要东一榔头西一棒子，今天做这个客户，明天做那个客户，对哪个客户都是蜻蜓点水，虽然总的投入了巨大的时间和精力，结果收益却不大。对于有潜力的客户，要帮助他们从婴儿成长为巨人，在这个过程中，你会赚得盆满钵满。

你看看国内的知名公司——新东方的老总，就是靠中国的出国留学生，成就了身价过10亿元的富豪；看看国内的知名钢铁信息网站——我的钢铁，靠给钢铁经销商提供资信完成上市，成就了一批富豪。

陈立金

目　　录

保兑仓是供应链融资的核心产品，是银行借助核心企业营销下游产业链的尖端工具。银行在营销目标客户的时候要切记：不要孤立地营销一个客户，而应当着眼于客户的整个产业链，对整个产业链进行捆绑营销。

客户经理为什么要学习保兑仓?

保兑仓是银行客户经理对产业链进行关联营销的王牌工具，将上下游企业视为一个整体，通过银行产品将上下游企业连接起来，打通上下游企业之间的资金链，形成在一家银行内部的体内循环，做到存款离户不离行。

银行客户经理营销要着眼于产业链营销，而非每个客户孤立营销。

第一篇

保兑仓基本知识

一、保兑仓概念

保兑仓业务最能满足大型制造类厂商的需求，是由厂商提供自身的信誉支持，帮助经销商在银行获得定向采购融资。在支持经销商发展的同时，保兑仓也促进了厂商自身产品的销售。同时，厂商可以有效地控制货物，避免产生大量的应收账款风险。

【产品定义】

保兑仓是指以银行信用为载体，买方以银行承兑汇票为结算支付工具，由银行控制货权，卖方（或仓储方）受托保管货物并对承兑汇票保证金以外敞口金额部分由卖方以货物回购或退款承诺作为担保措施，买方随缴保证金随提货的一种特定融资服务模式。

广大银行客户经理一定要牢记这个定义，它在我们的营销过程中非常有用。

保兑仓分为三方保兑仓和四方保兑仓两种方式。

三方保兑仓：包括厂商、经销商、融资银行，通常向银行提供厂商退款承诺、回购担保承诺的保证措施，即银行承兑汇票到期前，如果经销商没有存入足额的保证金（即经销商没有从核心厂商提走全部货物），核心厂商负责退还银行承兑汇票票面金额与经销商提取的全部货物金额之间的差额款项，这又称直客式保兑仓。

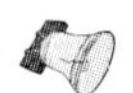

保兑仓各主体分工如下：

厂商负责发货及按照银行的指令控管货物，并承担退款责任。

经销商负责在银行融资，以及向厂商购买货物。

银行负责提供融资，打通经营现金流。

四方保兑仓：包括厂商、经销商、融资银行及仓储公司，通常向银行提供的保证措施为厂商的回购担保。核心厂商一般提供回购承诺，即银行承兑汇票到期前，如果经销商没有存入足额的保证金（即经销商没有从仓储公司提走全部货物），核心厂商负责退还银行承兑汇票票面金额与经销商提取的全部货物金额之间的差额款项。

保兑仓各主体分工如下：

厂商负责发货及承担货物回购责任。

经销商负责在银行融资，以及向厂商购买货物。

银行负责提供融资，打通经营现金流。

仓储公司负责监管货物。

保兑仓最能符合当前核心厂商的想法，对经销商既愿意提供一定的帮助，促使其获得银行融资，促进自身产品销售；同时，也希望能够最大限度地控制货物，不希望经销商无节制地赊销，使厂商产生大量的应收账款风险。

【适用对象】

家电、钢铁、汽车、电脑、轮胎、纸张、化肥、水泥、药品、服装制造企业、工业机床制造、白酒等核心企业，甚至报刊等企业也可以使用保兑仓业务。通常，采用经销商模式的产业链，只要厂商对经销商愿意扶持，且认为自己完全可以控制经销商的风险，就适合操作保兑仓业务。

国内较出名的使用保兑仓的产业链：

1. 家电：格力电器、美的电器、志高电器、奥克斯电器、老板电器、方太电器、九阳电器；

2. 水泥：冀东水泥、金隅水泥、天瑞水泥、海螺水泥；

3. 汽车：北京现代、神龙汽车、哈飞汽车等一般品牌汽车厂商；

4. 服装：皮克服装、七匹狼服装、德尔惠服装、柒牌服装、利郎男装，以福建当地服装企业为主；

5. 化肥：中化化肥、鲁西化工；

6. 白酒：西凤酒、汾酒、泸州老窖；

7. 机床：沈阳机床等；

8. 医药：石药集团中诺药业（石家庄）有限公司、哈药集团、武汉马应龙制药有限公司、北京双鹤医药有限公司；

9. 钢铁：河北钢铁集团、五矿钢铁有限公司、中铁物资有限责任公司、河北物产集团有限公司、大汉钢铁有限公司。

【营销建议】

1. 在保兑仓模式下，卖方获益较多，对经销商提供更多的价格折扣是保证经销商有动力参与保兑仓操作的关键，否则经销商更倾向于有多少钱提多少货。银行发起营销的主攻对象首先应当是厂商（卖方），银行应当首先向卖方宣讲可以扩大销售、扶持经销商等好处，动员卖方参与银行的保兑仓网络建设。

2. 本产品适用对象特点：厂商实力较强，而经销商实力一般，厂商有能力牢牢控制商品的销售渠道，在经销商之间进行商品调剂销售能力非常强。

卖方经营管理规范、销售规模较大、回购担保能力较强，属于行业的排头兵企业。

3. 可以考虑对特大型的核心厂商提供一个虚拟授信额度，如宝钢集团、武钢集团、攀钢集团，利用这些公司的公开资料进行授信核定，便利经营机构拓展这些钢厂的经销商；而不必像传统授信，一定要这些客户提出申请，拿到全套的授信资料才进行授信操作。

4. 保兑仓适用产品必须具备产品质量稳定（不易发生化学变化）、属于大宗货物、易变现、产值相对较高、流通性强的商品。在销售上采取经销商制销售体系，如家电、汽车、电脑、轮胎、纸张等。

5. 买卖双方在过去两年里合同履约记录良好，没有因为产品质量或交货期限等问题产生贸易纠纷。

【所需资料】

1. 厂商所有的常规授信资料。

对于特别强势的厂商，可以通过收集公开资料方式为核心厂商核定回购担保额度，回购担保额度定向用于给经销商的回购担保。

给核心厂商核定授信额度，因为保兑仓业务的风险控制依托在核心厂商履约程度，因此，必须为其核定回购担保额度。

2. 经销商所有的常规授信资料。

经销商需要提供营业执照、法人代码证书、税务登记证、财务报表、贷款卡等资料。通常需要经销商的常规资料，风险控制的依托并不在经销商本身。

3. 交易合同资料、货物物权凭证等。

4. 厂商愿意提供回购担保的函。

【点评】

对卖方而言，提供了一定类似担保的信用，帮助经销商获得融资，厂商拿到票据后，通过贴现后置换自己在银行的贷款融资，可以有效地降低财务费用。同时，借助保兑仓可以牢牢地控制经销商专心经销卖方的产品。

二、保兑仓模式

（一）三方保兑仓

1. 标准三方保兑仓

特点：企业既负责生产，同时又承担销售，这类公司实力非常强，完全有能力承担回购担保责任。可以与银行签订三方合作协议，即“厂商—经销商—银行”签订三方合作协议。

银行授信方案设计：直接对企业核定回购担保额度，由厂商负责发货和回购。

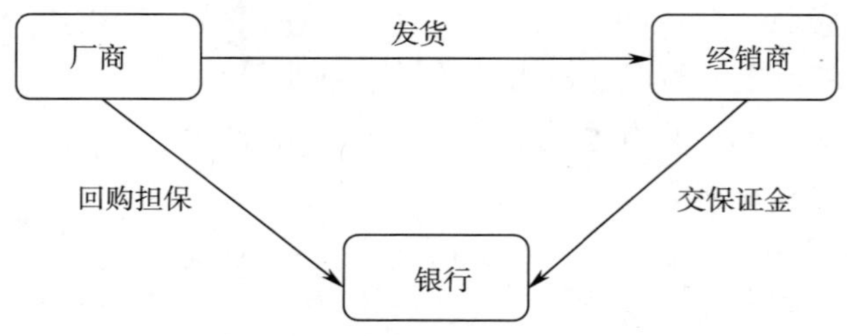

图1-1 标准三方保兑仓业务流程图

国内经营管理规范的大型公司多采取这种融资模式，例如珠海格力电器股份有限公司、北京金隅股份有限公司等。

【点评】

这类保兑仓属于最标准的业务操作模式，权责利清晰，操作方式简单，对银行保障程度最好，属于银行最应该推广的方式。而且，客户经理最容易掌握。

2. 发货与回购分离式保兑仓

特点：这类企业集团的销售模式一般都是“产—销”分离式，生产公司专业生产，销售给销售公司，然后由销售公司销售给经销商。生产企业实力非常强，完全有能力承担回购担保责任；而销售公司实力偏弱，无力回购。出于避税或在关联公司之间调剂利润的目的，集团分别设立生产企业和销售公司，均为独立的企业法人，按照两个主体之间的模式进行交易。

银行授信方案设计：立足企业原有的销售模式，给生产企业核定回购担保额度，签订四方协议，厂、销、商、银四方，四方商业模式非常清晰，约定生产厂商承担回购责任；销售公司承担发货责任，银行给经销商提供融资。

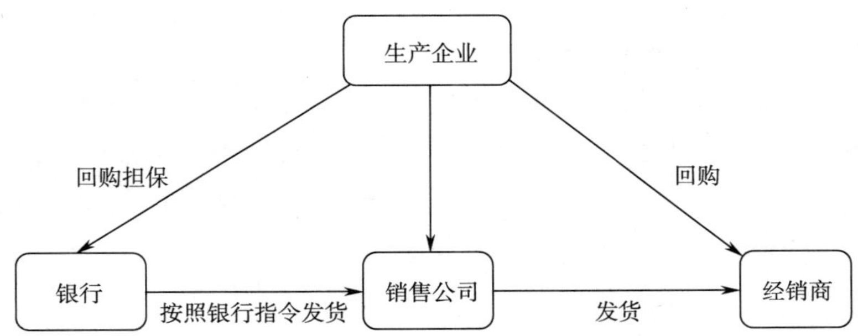

图 1－2　发货与回购分离式保兑仓业务流程示意图

国内的汽车厂商、白酒厂商多采取这类模式。各家汽车厂商一般设立专业的汽车销售公司，各地白酒企业一般设立专业的白酒销售公司。

这类保兑仓需要精妙的设计方案，需要非常透彻地了解集团企业的架构，分别合理确定生产企业和销售公司承担的责任。

【案例 1】　陕西西凤酒集团股份有限公司保兑仓

（一）企业基本情况

陕西西凤酒集团股份有限公司以西凤酒厂经营性净资产为核心，联合其他社会法人组建成立。西凤企业现已发展成为占地 50.2 万平方米，总资产 7.8 亿元，年产名优白酒 5 万多吨的国有大型一档企业，是西北地区规模最大的国家名酒制造商、陕西省利税大户之一。

陕西西凤酒营销有限公司实收资本 2 000 万元人民币，负责西凤酒的销售。陕西西凤酒集团股份有限公司首先将酒销售给陕西西凤酒营销有限公司，然后由陕西西凤酒营销有限公司销售给各地经销商。

（二）银行切入点分析

陕西西凤酒集团股份有限公司掌控了经营性资产，实力较强，而陕西西凤酒营销有限公司实收资本仅 2 000 万元人民币，实力偏弱。银行单纯给陕西西凤酒集团股份有限公司提供贷款，效益一般，于是考虑提供供应链融资业务，打通股份公司—营销公司—经销商整个产业链。

（三）银企合作情况

银行给陕西西凤酒营销有限公司保兑仓回购担保2 000万元，由陕西西凤酒集团股份有限公司提供担保，授信额度专项用于企业回购其西凤酒品牌经销商在银行的保兑仓回购敞口部分。保兑仓业务操作由银行、营销公司及经销商签订三方协议。

保兑仓业务操作模式：其品牌经销商存入30%保证金开出银行承兑汇票，西凤酒营销公司收到银行承兑汇票后出具银行承兑汇票收到确认函，并根据银行出具经销商存入保证金数额的发货通知书相应发出西凤酒。之后经销商每存入一定金额的保证金，营销公司即按保证金金额发货，直至本笔银行承兑汇票保证金填满为止，本笔业务结束。

3. 上级公司担保式保兑仓

特点：集团公司实力非常强，完全有能力承担回购担保责任；而下属的销售公司实力偏弱，无力回购。但集团公司本身为管理机构，不涉足具体的经营，不愿意与银行签订四方合作协议，而是愿意给实力偏弱的销售公司提供担保，对销售公司在银行的融资起到信用增级的目的。集团公司多是一些大型的上市公司，在公司章程中规定，可以对子公司提供担保，但是如果要签订复杂的四方合作协议，则需要经过董事会讨论，并进行较长时间的解释工作，集团公司一般不愿意承担这类工作。

企业集团的商业模式一般都是“销售公司—经销商—银行”，生产公司专业生产，销售给销售公司，然后由销售公司销售给经销商。回购与发货主体合一，回购主体弱，母公司实力较强。

银行授信方案设计：立足企业原有的销售模式，给销售企业核定回购担保额度，由生产企业在回购担保额度基础上追加连带责任担保，销售公司、经销商、银行签订三方合作协议，集团公司与银行签订《连带责任担保协议》，约定销售公司承担回购责任，并承担发货责任，银行给经销商提供融资。首先由销售公司回购，一旦销售公司无力承担，集团公司必须承担连带担保。

银行给回购主体提供回购担保额度，要求实力较强的上级公司提供担保。

4. 上级公司授权使用授信额度式保兑仓

特点：上级公司实力非常强，完全有能力承担回购担保责任，且上级母公司执行资金的集中管理、授信额度的集中管理，总公司向银行申请授信额

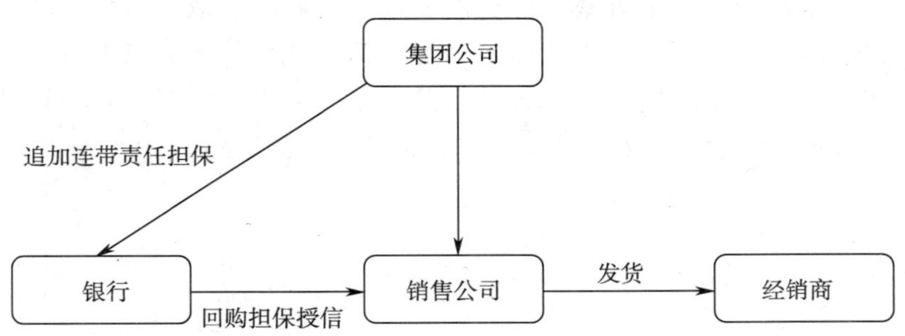

图1－3　上级公司担保式保兑仓业务流程图

度，其中包括回购担保额度，且将回购担保额度分给下属子公司使用，下属公司没有合作银行的决策权；而且下属公司实力偏弱，无力回购。但母公司不愿意与银行签订四方合作协议，而是愿意将授信额度授权给实力偏弱的销售公司，即子公司、经销商、银行签订三方合作协议，由子公司代母公司对银行承诺，给经销商办理的银行承兑汇票提供回购担保。

银行给实力较强的母公司提供回购担保额度，母公司将回购担保额度授权给子公司。银行可以直接对母公司核定回购担保额度，无须再给子公司核定回购担保额度，母公司直接授权销售公司使用。

银行授信方案设计：立足企业原有的销售模式，往往集团公司授信实行高度集权管理，从银行授信高效操作角度可以采取这种方式。既然一些销售公司实力较弱却可通过母公司提供担保的方式加以解决，那核定授信额度的销售公司也可以由母公司直接授权给销售公司。

回购主体多为专门设立的销售公司，例如钢铁制造企业、水泥制造企业等。例如特大型的钢铁生产企业实力非常强劲，在销售大省设立较多的子公司，这类子公司平常销售金额较大，但是注册资本较小，可以采用这种方式。例如酒泉钢铁集团有限公司的子公司陕西大舜物流公司以及河北钢铁集团设立的河北钢铁集团承德分公司、河北钢铁集团唐山分公司等机构都属于这类性质。

【点评】

对于执行授信额度高度集权管理的集团公司，可以将回购担保额度授信给集团公司，由集团公司将授信授权给下属的实体子公司使用，这样可以大幅提升授信的效率。由于下属的实体子公司数量众多，且普遍实力偏弱，如果采取每个企业单独授信方式，往往需要较长的时间，效率较低，且授信不容易获得批准。如果采取直接给集团公司授信方式，将大大提升效率。现代银行之间竞争的主要就是效率，如果在操作流程上进行创新，就可以获得巨大的竞争优势。有时候，效率快可以弥补很多天然的缺陷。

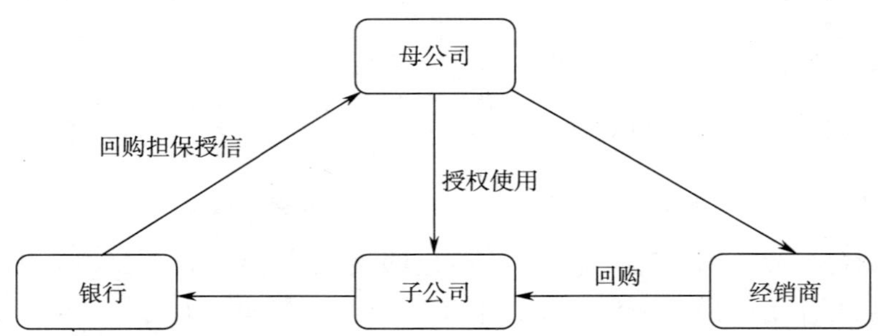

图 1－4　上级公司授权使用授信额度式保兑仓业务流程图

特大型钢铁集团一般采取总子公司管理模式，总公司有授信的决策权，但是基本不使用授信额度；下属子公司使用授信额度，但是没有决策权。对这类集团公司进行营销的基本思路就是直接营销集团总公司，提供整体授信，由总公司切块给下属子公司使用。

【案例 2】　特大型钢铁集团总公司授信方案

（一）企业基本情况

西钢集团钢铁股份有限公司是由西钢集团有限公司主要经营性资产整体上市设立的股份制企业。公司注册资本为 57.26 亿元，总资产为 560.33 亿元，净资产为 157.04 亿元。

公司具有独特资源优势，近年来采矿能力增长较快，目前已经具备年产钒钛铁精矿 800 万吨、钛精矿 48 万吨的综合生产能力，铁精矿自给率处于国内领先水平。

（二）银行切入点分析

西钢集团钢铁股份有限公司是银行战略客户，对其营销工作在银行公司部牵头下统一安排。西安分行为主办分行，负责集团及本省下属公司的营销和钢铁保兑仓建网工作；其他分行等涉及分行作为协办行负责当地分、子公司及上下游客户的营销工作。西钢产品辐射西部四川、重庆、云南等省，上下游客户众多，带动作用明显，适合建立以核心钢厂为中心的保兑仓融资网络和以其分支公司或大型经销商为核心的商商银网络。

（三）银企合作情况

西钢授信额度的管理由银行公司部牵头负责。经有权审批机构批复审批，银行将叙做西钢80亿元综合授信。

表1-1 **不同品种的授信额度、期限** 单位：万元，月

授信品种	授信额度	授信期限
银行承兑汇票	195 000	12
其他授信品种	30 000	12
流动资金贷款	150 000	36
保兑仓回购担保	300 000	12
法人透支额度	40 000	12
国内信用证项下开证授信	40 000	12
进口开证授信	10 000	12
货币市场交易	35 000	12
合　计	800 000	

经银行与西钢反复协商，西钢已认可银行额度切分方案。

表1-2 **综合授信额度转授权分配表** 单位：亿元

客户名称	授信总额	短期流动资金贷款及银行承兑汇票	其他授信品种	中期流动资金贷款	保兑仓回购担保	法人透支额度	国内信用证项下开证授信	进口开证授信	货币市场交易
西钢集团钢铁股份有限公司	24.5	5.5		15		4			
西钢集团大连钢钒有限公司	4	4							
西钢集团合肥钢钒有限公司	13	4			5		4		
西钢集团江油长城特殊钢有限公司	2.5	0.5			2				

续表

客户名称	授信总额	短期流动资金贷款及银行承兑汇票	其他授信品种	中期流动资金贷款	保兑仓回购担保	法人透支额度	国内信用证项下开证授信	进口开证授信	货币市场交易
西钢集团国际经济贸易有限公司	22	1			20			1	
西钢集团矿业有限公司	1.5	0.5			1				
西钢集团钛业有限责任公司	2.5	0.5			2				
西钢集团财务有限公司	6.5		3						3.5
西钢集团重庆钛业有限公司	0.5	0.5							
西钢集团冶金工程技术有限公司	3	3							
合　计	80	19.5	3	15	30	4	4	1	3.5

5. 商商银保兑仓模式

特点：这类一级经销商往往属于特大型的经销商，甚至是部分商品在本地的区域总代理，厂商对其支持力度非常大，这类一级经销商实力非常强，完全有能力承担回购担保责任；同时一级经销商希望牢牢控制二级经销商。一级经销商与二级经销商、银行签订三方合作协议，由一级经销商对二级经销商承担回购担保的责任。

银行授信方案设计：立足企业原有的销售模式，对特大型的经销商核定回购担保额度，银行为二级经销商核定银行承兑汇票额度，二级经销商签发银行承兑汇票，收款人为特大型经销商。为了控制风险，通常要求特大型的经销商提前将商品质押给银行，由银行委托的监管公司监管商品，以确保特大型的经销商确实有足够的商品。

适用客户：通常都是一些名牌产品在当地的总代理商和其分销商之间使用商商银保兑仓，例如，特大型钢铁经销商和其二级经销商之间，珠海格力电器股份有限公司在北京的总代理商——北京明珠新兴格力电器销售有限公司与其二级分销商之间。

【点评】

通常银行对特大型的生产企业比较放心，例如珠海格力电器股份有限公司等。珠海格力电器股份有限公司收到银行承兑汇票后，银行相信珠海格力电器股份有限公司能够按时发货。而特大型的经销商收到银行承兑汇票后，有时银行会担心这些特大型经销商是否有足够的商品。为了控制风险，可以要求特大型的经销商提前将货品质押给银行。

商业的基本游戏规则就是上游厂商一定要牢牢控制下游商家，要求商家按照厂商的意图进行经营及回款，客户经理要牢牢记住这条基本准则。

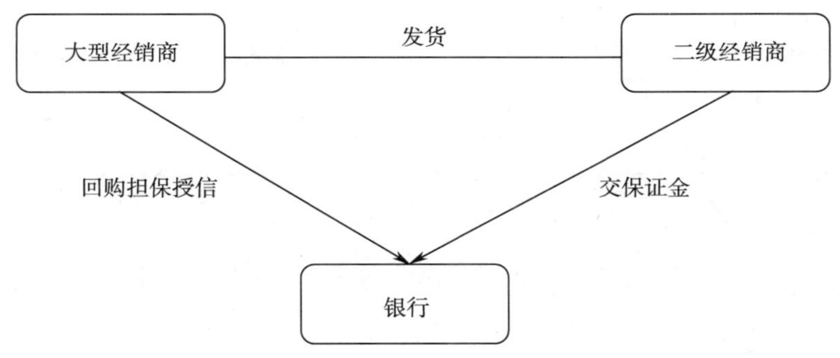

图1-5　商商银保兑仓模式业务流程图

6. “厂商银+商商银”组合模式

特点：厂商采取区域总代理模式，除了“厂商—区域总代理商环节”，还有“区域总代理—二级分销商”环节，银行着眼于全产业链提供保兑仓融资，在大保兑仓网络（“厂商—区域总代理商环节”）之外，再建立小保兑仓网络（“区域总代理—二级分销商”），打通整个以核心企业为主导的整体的产业链，分享整个产业链给银行带来的巨大回报。

银行授信方案设计：给厂商核定回购担保额度，然后给区域总代理办理银行承兑汇票；给区域总代理核定回购担保额度，给二级经销商办理银行承兑汇票，二级经销商办理的银行承兑汇票必须交付给区域总代理商，总代理商立即在银行办理票据置换（短票换长票），新签发票据收款人为厂商，必须委托银行将新签发票据交付给厂商。

收到银行承兑汇票后，厂商准时办理发货，发货至总代理商仓库，二级经销商打款赎货。

【点评】

我们强调，客户经理的营销要着眼于大产业链，只要有营销机会，就不放弃将整个产业链串联起来，而且还必须牢记，银行一个产品的营销要为另一个产品的营销留下余地和伏笔，银行产品要尽可能组合交叉销售，扩大银行的综合收益。

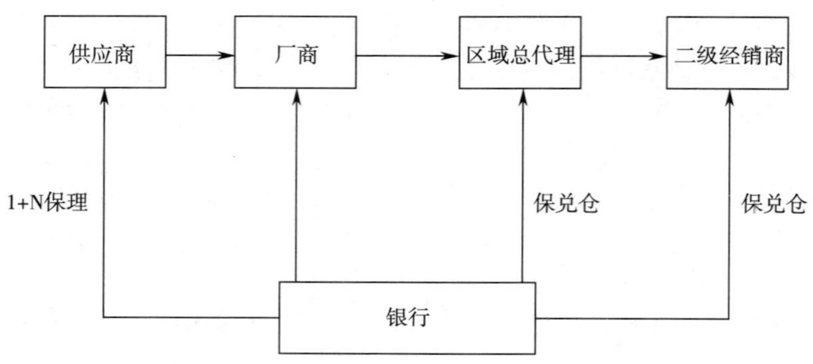

图1－6 “厂商银＋商商银”模式保兑仓业务流程图

7. 法透保兑仓

特点：厂商、经销商、银行签订三方合作协议，经销商为了提高对厂商的反应速度，希望在银行获得法人账户透支额度，而非银行承兑汇票（这是由于银行承兑汇票需要在银行提交交易合同，并负责传递，所需时间较长）。

法透保兑仓对应的往往属于非常畅销的商品，厂商执行的政策是谁的款先到，给谁先发货，所以经销商倾向于在银行申请法人账户透支额度，随时向厂商打款。

例如一汽大众品牌汽车、宝马品牌汽车、在紧俏时候的白色家电销售网络等。

银行授信方案设计：直接对企业核定回购担保额度。

【点评】

银行客户经理必须对银行产品活学活用，保兑仓只是一个营销模式。在对经销商提供融资的时候，采用银票的方式还是法人账户透支的方式，完全取决于厂商的商业交易条件。

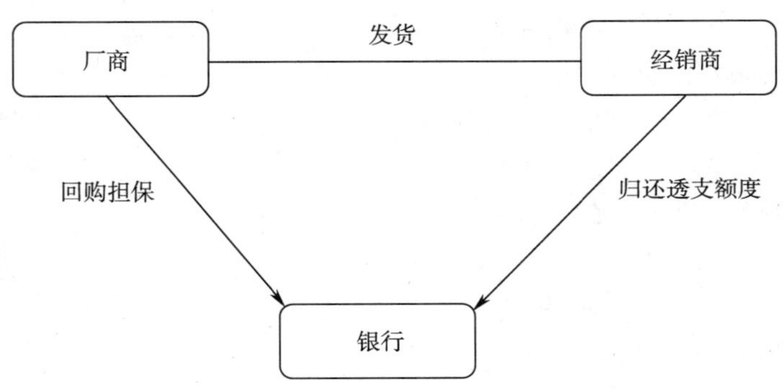

图 1－7　法透保兑仓业务流程图

8. 票据提货保兑仓

特点：厂商、经销商、银行签订三方合作协议，经销商以收到的符合贴现规定的银行承兑汇票质押，填满银行签发的银行承兑汇票敞口，银行根据经销商提供质押的承兑汇票金额通知厂商释放货物。

通常质押银行承兑汇票到期日在银行新签发银行承兑汇票之前，100% 提货；质押银行承兑汇票到期日在银行新签发银行承兑汇票之后，95% 提货。需要在银行提交交易合同，并负责传递，时间较长。

【点评】

这种模式可以降低填满银行承兑汇票敞口的成本，是在经销商提货领域的创新，可以大幅降低经销商的成本。例如钢铁经销商、家电总理商等，在销售环节收到大量的银行承兑汇票。银行在没有风险的情况下，应当尽可能多创新，为客户提供方便，尽可能多地培育客户，放水养鱼。如果经销商中途还准备再次以现金存款质押赎走已经被质押的银行承兑汇票，也应允许。金融创新并不是全新创造一款原子弹，有时候，对现有的步枪进行改造，只要提高了准星，就算是创新。

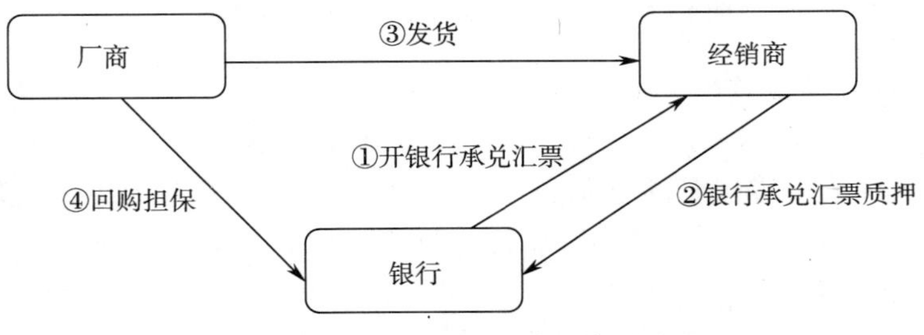

图 1－8　票据提货保兑仓业务流程图

银行授信方案设计：直接对企业核定回购担保额度。

9. 应收账款提货保兑仓

特点：厂商、经销商、银行签订三方合作协议，经销商以下游特大型客户待付的应收账款质押，填满银行签发的银行承兑汇票敞口，银行根据经销商提供质押的应收账款金额通知厂商释放货物。

通常质押应收账款到期日在银行新签发银行承兑汇票之前，这部分质押的应收账款可以用于100%提货。为了控制风险，如果应收账款到期前没有被付款，经销商必须立即以现款赎回应收账款。

【点评】

这种模式可以大幅降低填满银行承兑汇票敞口的成本，其使用客户包括钢铁经销商、水泥经销商、乳品经销商；下游客户是特大型的施工企业、超市企业等，这类下游买家实力极强，应收账款期限较短，应收账款的质量较好，非常适合作为保兑仓敞口银行承兑汇票的质押物。

这种以下游特大型客户待付的应收账款质押，填满银行签发的银行承兑汇票敞口的方式，可以大幅降低经销商的操作成本，大大提高银行保兑仓产品的竞争力。

银行授信方案设计：直接对企业核定回购担保额度。

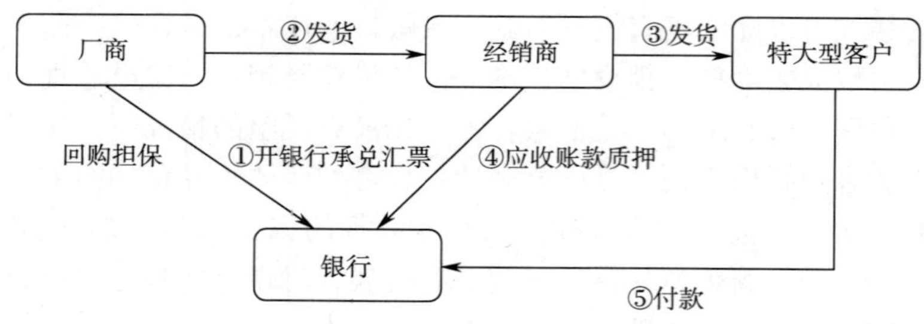

图1－9　应收账款提货保兑仓业务流程图

10. 非标准保兑仓

特点：以银行承兑汇票为结算工具，银行向下游厂商提供授信，定向用于向核心厂商购买货物，并追加核心厂商无条件回购或退款担保责任，银行不直接监控物流，而委托核心厂商管控货物；核心厂商在收到银票或资金后自行决定向其下游经销商发货的数量。

核心厂商见银行通知即回购货物或退款，而非与银行一一对账。

因为两种原因出现核心厂商自行发货情况。

（1）针对实际交易中，下游购买商提货时间的不确定性和分散性特点（非工作日提货，下游购买商划转的保证金无法实时到账），银行允许核心客户先行发货，并将发货清单（具体包括货物名称、规格、数量、具体交易金额等）送达至银行，且下游购买商需在一定时限内根据发货清单所示金额补齐保证金，对未及时补齐的部分以及银票剩余的敞口需由核心客户提供回购担保责任。

（2）核心厂商因为与下游购买商合作多年，本身非常信任下游购买商，内部已经对下游购买商核定了授信额度，所以愿意提供一定金额赊账服务。在保兑仓中，除了严格按照下游购买商交存的实际保证金比例发货，还愿意额外对下游购买商提供一些支持，提供一定期限内、一定金额内的赊销服务，实现“预付账款（占用下游购买商资金）+应收账款（适度给下游购买商融资）”的结合。

这种操作方式下，厂商没有风险，因为厂商本身控制着下游购买商的折扣返点，通常在年底时才给，一旦下游购买商违约，可以直接抵扣。

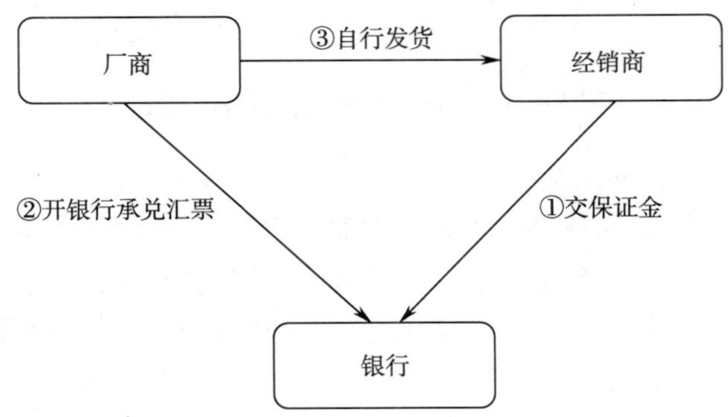

图 1－10　非标准保兑仓业务流程图

11. 物流公司保兑仓

特点：国内经营规模较大的中铁现代物流科技有限公司、中国储运股份有限公司、中邮物流有限公司等储运类客户，本身除了承担常规的物流配送工作外，还作为一些畅销商品的代理商，从核心厂商处买断商品，然后销售给下游的需求方，中间赚取一定的价差。

在这种操作模式下，物流公司承担两个角色：既以厂商的角色出现，承担发货责任和回购责任；又以监管公司的角色出现，负责监管商品。

这类操作对银行而言，风险更小，但是银行仍应当非常谨慎，实地去物流公司查库，看是否有足够的货物，防止通过保兑仓空转融资。

例如中邮物流为全中国的吉利汽车经销商提供汽配零部件的供货，采取买断销售方式供货，银行可以给经销商提供融资，由中邮物流提供担保，由于中邮物流全程控货，所以没有风险。而中铁现代物流科技有限公司和中国储运股份有限公司本身就是国内很多钢厂的一级经销商，并且这两家公司在国内建立了较多的钢贸市场。

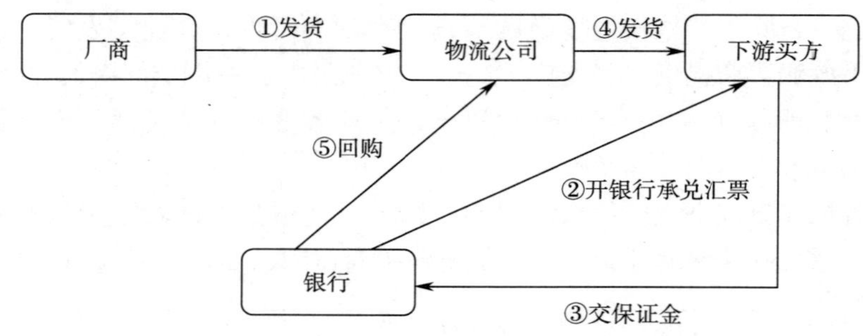

图1－11　物流公司保兑仓业务流程图

12. 个人助业贷款保兑仓

特点：核心厂商（或特大型的贸易商）下游为个体工商户或小企业主，银行为个体工商户或小企业主提供封闭贷款，用于向核心厂商（或特大型的贸易商）的采购支付，由核心厂商（或特大型的贸易商）对个体工商户或小企业主的贷款提供担保，通常由个人或小企业主提供反担保。

个体工商户需要将自己首先需要支付的合同款存入银行，银行连同贷款一起划付给厂商，保证专款专用。两种使用贷款的方式是安全的，小企业的贷款或直接划付给收款人（厂商），或直接趴在银行账户不动。这种业务操作模式将对公与对私业务彻底打通，以对公企业批发营销对私客户。

【点评】

多存在于建材、五金、纺织品等行业，例如在建材城经营建材产品（如胶合板、卫浴、陶瓷、五金件等）的个体工商户、在服装市场经营服装的个体工商户等。

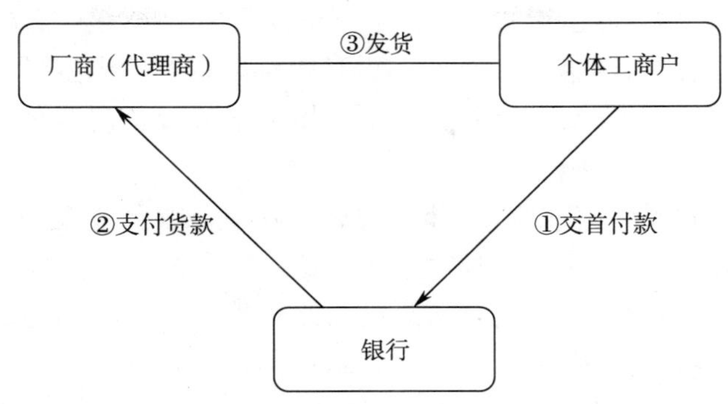

图 1－12　个人助业贷款保兑仓业务流程图

13. 机械设备保兑仓

特点：银行为机械设备制造商提供二手设备购买协议，银行为机械设备制造商下游客户提供封闭贷款，下游购货方购买产品，向机械设备制造商首付产品总价一定比例的货款，并以该产品为抵押向银行申请不超过所购产品总价一定比例的贷款专项用于向公司支付产品货款。银行向购货方发放的贷款实行专款专用、封闭运行，购货方按季还本付息。当购货方到期未清偿贷款本息，银行除有权单方面终止借款合同并要求购货方提前偿还全部贷款本息外，还有权按照与购货方签订的抵押合同及银行与机械设备制造商的协议，要求购货方将抵押物（即设备）折价转让给机械设备制造商，购货方无条件同意机械设备制造商直接将抵押物折价转让价款交付银行以抵偿购货方拖欠的借款本息。

建议：很多特大型的机械设备制造商是各家银行积极营销的对象，但由于这类公司自身直接融资的需求较少，且当地银行都已给予其较大规模的信贷支持，很难介入。根据这类大中型设备制造企业的实际需求，通过国内买方信贷业务平台支持这类大中型设备制造企业，将使银行与大中型设备制造企业的业务合作瓶颈得到突破。

这类保兑仓非常类似设备买方信贷业务模式：以大中型设备制造企业为核心，在核心企业与设备购买商签订购销合同后，银行依据核心企业与设备购买商的申请贷款给设备购买商，专项用于设备购买商向核心企业支付购销合同项下货款的融资服务。

银行授信方案设计：银行为核心客户大中型设备制造企业核定买方信贷

担保额度，设备购买商由大中型设备制造企业提供名单，实行单一额度管理，为其下游设备购买商（借款人）购买设备提供融资。大中型设备制造企业下游企业发生设备买卖需要融资时，直接占用大中型设备制造企业在银行的授信，不需要再上报授信额度。

融资额度为扣除设备已付款部分的剩余款项，融资金额一般在设备合同价款的50%左右。融资期限一般为两年。还款方式为按季度等本金还款。

大中型设备制造企业、设备购买商与银行签订三方合作协议。银行以外的两方在银行开立结算账户，用于设备款项的结算及还本付息。大中型设备制造企业针对每笔贷款在银行存入一定比例的保证金（金额等于第一期还款本息），设备购买商没有按时足额归还银行贷款时，银行将从大中型设备制造企业保证金户上进行扣款。设备抵押给银行，抵押手续完成后方可放款，且大中型设备制造企业与银行签订《二手设备买卖合作协议》，当保证金不能弥补银行贷款时，大中型设备制造企业将履行二手设备购买义务，将购买款项直接打入设备购买商在银行开立的账户内，用于归还银行贷款的全部本息。

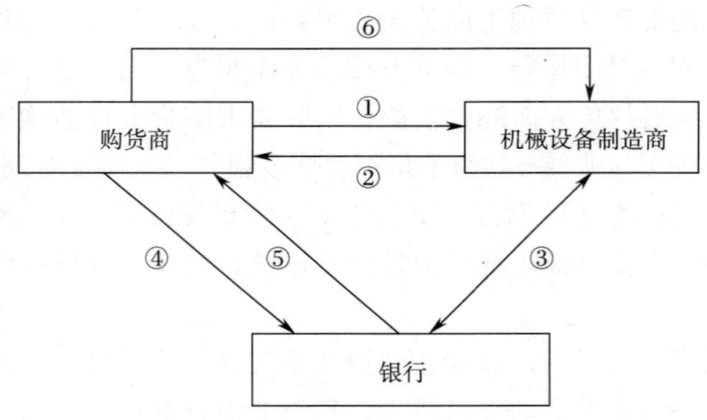

图1－13　机械设备保兑仓业务流程图

①购货商购买大中型设备，签订设备买卖合同，将一定比例的设备款项支付至大中型设备制造企业账户内，且进行确认。

②大中型设备制造企业向设备购买商提供设备发货安装，开具设备全款发票。

③大中型设备制造企业、设备购买方及银行签订《大中型设备制造企业风机产品销售金融三方合作协议》及委托划款扣划授权书。

④购货商将设备抵押给银行，且针对设备购买保险，银行为第一受益人。

银行核查相关放款条件后，对符合条件的借款人提供设备剩余款项（最高不超过其所购设备价款六成）、期限最长不超过2年的国内买方信贷贷款。同时银行根据委托划款扣划授权书将贷款从设备购买方账户直接划至大中型设备制造企业在银行开立的账户内，用于支付借款人购买机器设备的货款，专款专用，不得挪用。

⑤贷款原则上采用按季等额还本、按季付息方式归还，借款人按季还款，银行按季扣款解付，直至结清。

⑥一旦购货商没有及时足额还款，银行首先将大中型设备制造企业存入的保证金进行还款，扣除保证金后设备购买商还是没有按时还本息，银行将二手设备买卖通知送达至大中型设备制造企业，大中型设备制造企业按照合作协议中规定的设备买卖价格对设备进行回购，回购款用于归还设备购买商在银行的贷款本息。

14. 商业承兑汇票保兑仓

特点：以商业承兑汇票为结算工具，银行向下游经销商提供授信定向用于向核心厂商购买货物，并追加核心厂商无条件回购或退款担保责任，银行为核心厂商办理商业承兑汇票转换为银行承兑汇票服务，经销商提供保证金填满商业承兑汇票敞口，核心厂商在收到银行指令后向下游经销商发货。

建议：通过给经销商办理商业承兑汇票，可以有效封闭票源。有些核心厂商对银行的贴现利率较为挑剔，如果办理保兑仓的银行贴现利率并不占优势，那么即使给经销商融资了，也很难强制要求厂商必须将银行承兑汇票封闭在本行办理贴现。如果采取给经销商提供商业承兑汇票方式，那么核心厂商只能办理商业承兑汇票置换为银票，可以给银行带来可观的存款。

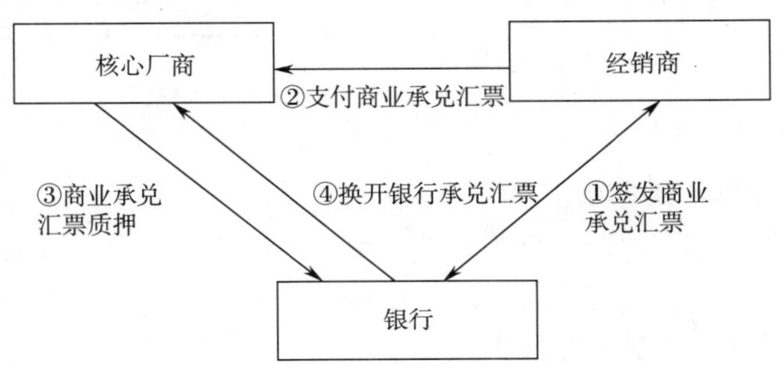

图1-14　商业承兑汇票保兑仓业务流程图

这类保兑仓适用卖方实力一般，买方更属于弱势经销商，银行处于强势地位。例如一些地方的水泥厂和经销商、地方化肥厂商和经销商。

最新颖的方式：商业承兑汇票保押。给买方办理商业承兑汇票，卖方收到商业承兑汇票后，在银行办理商票转换为银行承兑汇票。买方不断交保证金，封闭商业承兑汇票敞口。

（二）四方保兑仓

1. 见货见通知回购四方保兑仓

特点：厂商承诺回购，但是都是要求见货及银行书面通知回购，这时候，一般银行都会引入一个监管公司，对商品进行实际控管。多存在于汽车、卡车、工程机械车等行业。

银行授信方案设计：给厂商核定回购担保额度，然后给经销商办理银行承兑汇票；厂商将货物发送给监管公司，或进入经销商仓库，由银行指定的监管公司进场监管，经销商交存保证金，银行通知监管公司发货，经销商必须委托银行将新签发票据交付给厂商。

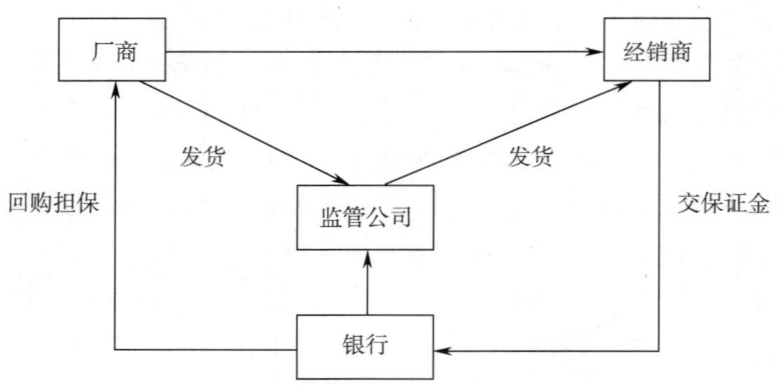

图1－15　见货见通知回购四方保兑仓业务流程图

2. 见通知即回购保兑仓

特点：厂商承诺回购，只要是见到银行的通知即履行回购义务，无须见货。一般无须引入一个监管公司对商品进行实际控管。多存在于弱势品牌的汽车、卡车、工程机械车等行业。

银行授信方案设计：给厂商核定回购担保额度，然后给经销商办理银行承兑汇票；厂商将货物发送给监管公司，或进入经销商仓库，由银行指定的监管公司进场监管，经销商交存保证金，银行通知监管公司发货，经销商必须委托银行将新签发票据交付给厂商。

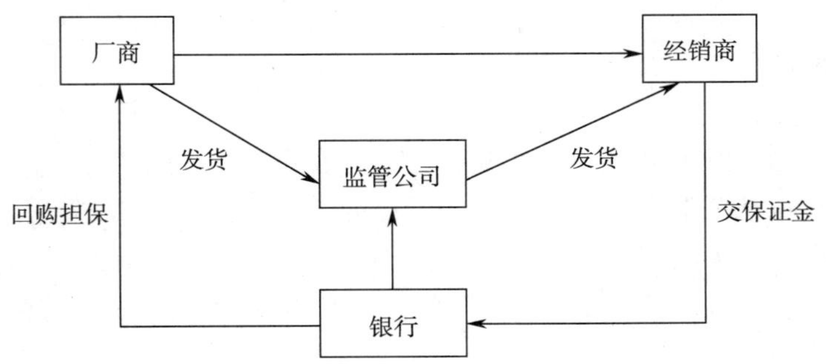

图1－16　见通知即回购保兑仓业务流程图

三、保兑仓的营销要点

客户经理要高度熟悉保兑仓这款产品，这款产品会给银行带来非常可观的存款，尤其是结算存款。保兑仓是一款标准的供应链融资产品，银行可以关联营销厂商和经销商，打通整个产业链。

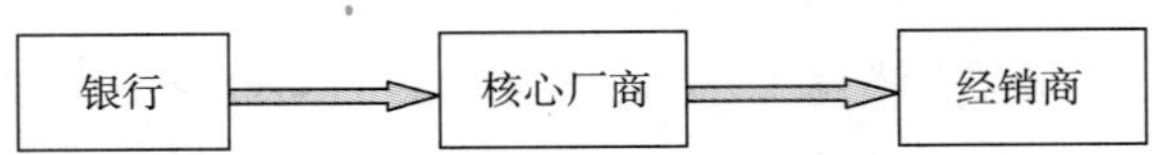

客户经理要高度注意：保兑仓应当定位在首先争取核心厂商的认同，核心厂商对商业模式点头，才能搭建起保兑仓网络。必须关心产业链各主体对银行的需求，了解他们真正关心什么。从企业真正关心的利益入手，合理嵌入银行的产品。

保兑仓最大价值就在于可以帮助核心厂商扩大销售量。通常在“厂商—经销商”产业链模式下，厂商实力较强，经销商实力偏弱，厂商和经销商是一对既矛盾又相互依托的商业共生体，厂商希望支持经销商做大，最大限度地销售自己的货物，而经销商成长最关键需要的资源就是资金。银行应有意识地启发客户，采取保兑仓方式可以支持经销商的发展，在银行获得融资，而厂商不必担心风险，因为经销商获得的融资定向用于向厂商的采购支付，这些融资资金最终还是进入了厂商的腰包。

银行是企业的财务顾问，我们不是来拉存款的，而是帮助现有客户提升产业链竞争力的。通过使用保兑仓，企业可以大幅提升自身的竞争力，提升整个产业链的竞争力。在当今时代，看似两个企业之间的竞争，其实是两个产业链之间的竞争。

注意要点：

1. 不要孤立销售保兑仓，而应当和现有的其他产品组合。例如给经销商签发完毕银行承兑汇票后，马上营销票据置换业务，将厂商收到的短银票置换为长银票，最大限度“截留”住这批银票，让这些票据给银行贡献存款。

千万不要让核心厂商将银行承兑汇票直接背书转让掉，或在其他银行贴现。

2. 控制保兑仓使用的授信品种，为其他产品的交叉销售留下余地。

给经销商签发的银行承兑汇票一定要是短票，为银行营销厂商办理票据短换长留下余地。银行一款产品的营销要给另一款产品营销打下基础，埋下伏笔。

四、保兑仓适用行业特点

客户经理要高度注意以下要点：

1. 经销商销售模式的行业。保兑仓对应的商品并不严格限制，实物商品或虚拟商品均可。保兑仓并不限制行业，只要采取经销模式的产业链都适合采用保兑仓。

现在有很多虚拟商品行业采取经销商模式，例如手机充值卡、游戏卡、报纸广告版面等行业，也适合操作保兑仓。

2. 厂商存在巨大的销售压力。必须存在巨大的销售压力，厂商才会出于促进销售的目的，在承担一定风险的情况下，支持经销商在银行的融资。而这类行业本身有众多的经销商，厂商可以随时调剂销售这些商品，例如钢铁厂商、汽车厂商、白酒厂商、化肥厂商、水泥厂商等。

3. 厂商对经销商有着强大的控制能力，厂商的产品属于较好的品牌，在市场上有着一定的美誉度，属于相对畅销的产品，经销商乐于提前向厂商打预付款。例如家电中的美的电器、格力电器；服装中的匹克服装、德尔惠、李宁服装等。

4. 一些能源型行业，例如石油、煤炭、天然气，都属于非常紧俏的商品，厂商不会操作保兑仓。

【营销建议】

1. 在保兑仓模式下，卖方获益较多，对经销商提供更多的价格折扣是保证经销商有动力参与保兑仓操作的关键，否则经销商更倾向于有多少钱提多少货。银行发起营销的主攻对象首先应当是厂商（卖方），银行应当首先向卖方宣讲可以扩大销售、扶持经销商等好处，动员卖方参与银行的保兑仓网络建设。

2. 本产品适用对象特点：厂商实力较强，而经销商实力一般，厂商有能力牢牢控制商品的销售渠道，在经销商之间进行商品调剂销售能力非常强。

3. 可以考虑对特大型的核心厂商提供一个虚拟授信额度，如宝钢集团、武钢集团、攀钢集团，利用这些公司的公开资料进行授信核定，便利经营机构拓展这些钢厂的经销商；而不必像传统授信，一定要这些客户提出申请，拿到全套的授信资料才进行授信操作。

厂商承担的是回购或退款承诺，而非连带责任担保，因此，较多的上市公司无须进行法律披露。

厂商的关心点：

1. 商品的尽快销售，改造销售模式。原来采取应收账款销售的模式，采取保兑仓销售模式可以将应收账款改为预收账款，提高销售的质量。

2. 控制经销商，团结经销商。建立强大的销售体系，这是厂商最关心的，可以保证货源源源不断流向终端市场。商品的销售既取决于市场推广、广告；同时，很大程度上也在于经销商自身的强力推广。

3. 控制销售风险。厂商销售商品后，可以控制商品的账期，防止出现坏账。

五、保兑仓适用行业

保兑仓适用于采取经销商商业模式的产业链：

1. 家电行业

美的电器、格力电器、志高电器、格兰仕电器等采取总代理商或经销商模式的家电厂商。请记住一点，家电厂商绝对不会支持国美、苏宁操作保兑仓，国美、苏宁实在太大了，厂商不会扶持一个可以控制自己的经销商。

2. 二线钢铁厂商及特大型的钢铁经销商

湖南华菱湘潭钢铁有限公司、淄博张钢钢铁有限公司、山东莱钢永锋钢铁有限公司、吉林通钢国际贸易有限公司、武钢集团昆明钢铁股份有限公司、本溪北营钢铁（集团）股份有限公司、河北钢铁股份有限公司承德分公司、天铁热轧卷板有限公司、衢州元立金属制品有限公司、陕西龙门钢铁有限责任公司、柳州钢铁股份有限公司、山西太钢不锈钢股份有限公司、长治钢铁（集团）有限公司、山西海鑫国际线材有限公司、唐山中厚板材有限公司、宣化钢铁集团有限公司、新兴铸管股份有限公司、北京首钢股份有限公司、河北新金钢铁有限公司、中天钢铁集团有限公司、江西萍钢实业股份有限公司，国内一线品种钢铁厂商、宝山钢铁集团、武汉钢铁集团、鞍山钢铁集团不会办理保兑仓。

3. 酒品行业

陕西西凤酒营销有限公司、山西汾酒股份有限公司，以及一些地方品牌酒企。

4. 工程机械

福田雷沃国际重工股份有限公司、山东常林机械集团有限公司、斗山工程机械（中国）有限公司、山推工程机械股份有限公司、山重建机有限公司。

5. 机械设备

广东科达机电股份有限公司、广州远杨机械设备有限公司、深圳艾默生机械设备公司。

6. 有色金属

厦门钨业股份有限公司、五矿有色金属公司。

7. 水泥行业

辽阳天瑞水泥有限公司、北京金隅水泥有限公司、唐山冀东水泥有限公司。

8. 服装行业

匹克体育用品有限公司、李宁服装有限公司。

9. 工业机床

沈阳机床股份有限公司、北京第一机机床销售有限公司。

10. 食品

内蒙古蒙牛乳业（集团）股份有限公司、内蒙古伊利实业集团股份有限公司。

11. 报刊

《时代快报》、《潇湘晨报》、《中国青年报》、《羊城晚报》、《南方周末》、《湖南日报》、《三湘都市报》、《精品购物指南》、《经济观察报》、《中国医药报》、《医药经济报》。

12. 汽车

马自达汽车有限公司、重庆长安铃木汽车有限公司。

13. 纸张

锐奇纸品有限公司、浙江圣为纸业股份有限公司、福建优兰发集团。

六、保兑仓与未来货权质押的区别

在实际操作过程中，保兑仓与未来货权质押融资较为相似，客户经理应当知道其中的使用区别，注意控制风险。未来货权质押尤其与四方保兑仓较为相似，最关键的区别在于保兑仓中，厂商提供回购担保；而未来货权质押融资中，厂商提供调剂销售，或干脆什么都不承诺，需要银行自行找到货物的变现渠道。

表1-3　　保兑仓与未来货权质押的区别

	保兑仓	未来货权质押
承诺性质	厂家提供退款承诺或回购担保	厂家不提供退款承诺或回购担保，但是愿意提供调剂销售承诺，且厂商承诺直到经销商收货后才解除责任
风险控制	银行对经销商融资的风险控制依托在厂商	银行对经销商融资的风险控制依托经销商自身以及靠商品的变现
授信额度	厂商必须有授信额度，银行提前对厂商核定回购担保额度	厂商不必有授信额度，但是必须具备发货能力，承诺一定时间内必须发货，且银行为指定的收货人
厂商规定	通常都是在行业内实力一般的厂商，例如二线钢铁厂商、二线汽车厂商	通常都是在行业内实力超群的厂商，例如一线钢铁厂商、一线汽车厂商
商品	虽然产品有一定品牌，但厂商存在较大的销售压力	非常紧俏的商品，厂商不存在任何的销售压力

七、保兑仓优势

1. 对买方（经销商）的益处

（1）依托真实商品交易结算，买方借助厂商资信获得银行的定向融资支持。通常特大型制造企业的代理商都属于中小企业，经营现金流较大，但是缺少合格的担保和抵押，凭借自身实力很难在银行获得融资。通过厂商的出借商业信用，代理商从而获得银行的融资支持。

（2）买方可以从厂商获得批发购买优惠，使其享受到大宗订货优惠政策，降低了购货成本。

代理商自身资金量有限，每次小金额打款提货，厂商提供的价格往往较高，如果能够借助银行的资金放大效应，可以一次支付较大金额，获得厂商的价格优惠。

（3）控制货源。能够保证买方商品供应通畅，避免了销售旺季商品的断档。对经销商而言，控制货源是第一位的选择，家电、汽车、钢铁、化肥等无不是如此，在销售淡季向厂商打款，预订商品；在销售旺季，保证货源的源源不断，在旺季打款提货。

（4）巩固了与厂商的合作关系。通过与厂商共同办理保兑仓，经由商品流和资金流双向密切和厂商的关系。

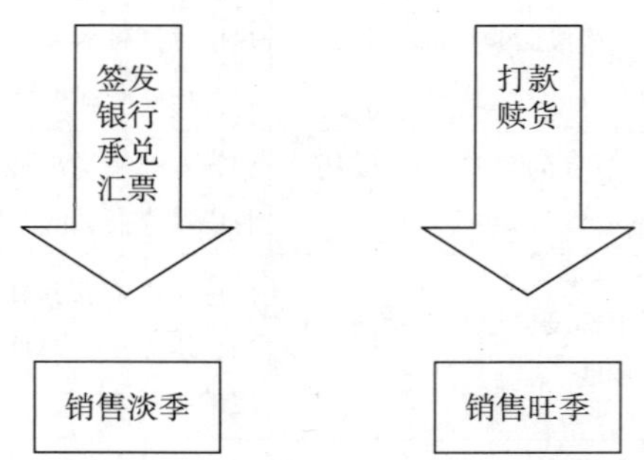

2. 对卖方（厂商）的益处

（1）可以有效地扶持经销商，巩固、培育自身的销售渠道，建立自身可以控制的强大销售网络。企业的成功，不仅仅是产品质量的成功，还应当是商业模式的成功。企业自己卖商品是苦差事、笨办法，最正确的方式是由经销商销售商品，屏蔽了零散收款的麻烦。银行客户经理在判断一个企业价值的时候，首先应当注重其商业模式。

（2）卖方既促进了产品销售，同时牢牢控制了货权，防止了在赊账方式下买方可能的迟付、拒付风险。

卖方在保兑仓项下向买方提供一定的让利，可以将原先的赊销方式改为预付款，销售质量大幅提升。

（3）卖方将应收账款转化为预收账款，应收账款大幅减少，改善了公司资产质量。厂商原来是销售给经销商，提供一定的账期，改为保兑仓后，企业不再有拖欠，改善了自身的资产质量。

银行客户经理可以看看中国移动的销售模式：全球通的客户原先采取远期收款方式（后付费），如果改为预付款方式，中国移动将提供大幅优惠，刺激手机用户改变消费方式，这点类似保兑仓。

（4）卖方提前获得订单，锁定了市场销售，便利安排生产计划。经销商根据与厂商签订的年度购销合同，将合同款提前支付给厂商，厂商根据收到的银行承兑汇票，安排生产。

卖方凭借在产业链中的优势地位，占用买方的资金，实现借下游客户的资金生产，对银行脱媒。

（5）卖方支付了极低的成本（自身信用），借助买方间接获得了低成本的融资（票据融资），可以有效降低核心厂商自身的资产负债率。正是通过经销商向银行融资（申请签发银行承兑汇票），而且将银行承兑汇票交付给厂商，厂商可以免费使用经销商的授信资源，最大限度地压缩了自身的融资，可以有效美化财务报表。

（6）卖方获得杠杆融资。银行如果给卖方核定1亿元的授信额度，卖方只能使用1亿元的授信额度，如果将授信额度调整为担保，卖方给买方提供担保，而买方属于弱势企业，可以交存50%的保证金，通过给买方办理银行承兑汇票的方式，卖方可以获得2亿元的银行承兑汇票，等于是杠杆融资。对一些实力处于尚可的中型钢厂、中型水泥厂等客户，这种融资模式较为适用。

（7）卖方的资金流更加有规律。因为由卖方主导与银行签订合作协议，卖方控制卖方交付银行承兑汇票的时间，而买方自行决定交付保证金提货的进程，卖方可以有效地控制自身的销售现金流，稳妥安排自身的生产经营。

可以说，凡是操作保兑仓业务的厂商通常都是经营状况较好、经营思维灵活的优秀公司，例如家电中的格力电器、美的电器；化肥中的鲁西化工，乳业中的蒙牛、伊利等。要清楚地告诉各位客户经理，今天的竞争已经不是企业之间的竞争，不是产品之间的竞争，而是产业链与产业链之间的竞争。核心厂商必须能够整合驾驭整个产业链与别人竞争。

我们在培训中经常使用到的案例：

蒙牛和三元哪个更强？肯定是蒙牛强。那么哪个产品质量更好？不见得蒙牛的产品质量一定优于三元，但是两条产业链的竞争实力相差极远。蒙牛高效的配送体系、强大的广告宣传、极具效率的资金运作都远远将三元落在身后。在“PK”的舞台上，三元是一个企业竞争，蒙牛是带着供应商、经销商、广告公司、银行共同参战，结果可想而知。

所以，在2008年，市场这个裁判员曾经将蒙牛打倒在地，给了三元一年的时间，结果三元没有发展起来，蒙牛却很快恢复元气，又开始了王者之途。

3. 对银行的益处

保兑仓对银行最大的价值，可以给银行贡献非常可观的存款，包括经销商的保证金存款、核心厂商沉淀的结算存款、托收经销商签发银行承兑汇票的存款沉淀等。一个汽车产业链，如果银行保兑仓服务项下帮助汽车厂商实现的销售额在20亿元左右，通常可以沉淀3亿元左右的存款。

（1）可以实现链式营销。该产品针对整个产业链条，满足客户产、供、需各个环节的需求，银行可针对厂商及经销商进行链式营销，有利于银行进行深度拓展，可以给银行贡献非常可观的中小经销商。

（2）封闭厂商所在产业链的经营现金流。经销商向厂商付款，银行通过保兑仓，银行打通厂—商整个产业链，可以分享整个产业链对银行的回报，实现上下游企业之间的结算资金在银行体内循环，离户不离行。

（3）风险控制优势。业务双向结算封闭在银行，销售回款覆盖融资本息，可以较好地保证银行信贷资金安全。银行有实力强大的卖方的最终保证，可以在一定程度上降低授信风险。真正控制风险不是担保和抵押，而是可以控制客户的经营现金流，真正掌握客户的经营情况。

（4）借助在产业链中处于强势地位的核心厂商，“顺藤摸瓜”，对与其有关联的众多的经销商开展关联营销，形成“以点带面”的营销效果。

作为一种结构性短期融资工具，供应链融资是对传统流动资金贷款的升级和细化。相对于传统的信贷产品，供应链融资能够针对资金流和物流的操作控制，淡化财务分析和准入控制，具有高流动性、短期性、重复性、准入门槛低和审批流程快等特点。应用供应链融资项目可以降低整个供应链的成本。

供应链融资方案大致分为两种：供应商融资和经销商融资

所谓供应商融资，通常是指银行直接联系主要的核心厂商并向其提供供应商融资方案。通过这种方式，买方能帮助其供应商获得融资渠道，而且通常融资条件比供应商单独申请融资更为优惠。当然，买方也可以借此向供应商要求更好的采购价或更长的付款账期。在这一过程中，银行已经将单纯的装运后融资延伸至装运前融资。银行可以凭核心厂商下的订单向其供应商提供融资，支持其原料采购和生产活动。一旦供应商将生产的成品装运后，随着信贷的风险减小，融资利率也会相应调低。

所谓经销商融资方案，则主要考虑到核心厂商要面临的经销商或者客户要求延长账期的压力，其最大突破在于银行评估信贷风险方式的转变。在传统模式下，银行在信贷评估中主要靠分析财务报表来认定客户的财务状况，如果银行对客户的财务报表不甚满意，就会要求客户提供担保或抵押。而在经销商融资中，银行首先考虑的则是企业产品是否畅销，这通常体现在市场份额上。

成功关键要素

由于供应链融资的信用是建立在供应链整体管控和核心厂商的信用评级之上的，核心厂商对经销商的管理能力至关重要。核心厂商制定了严格的经销商管理办法，经销商必须满足以下条件。

1. 对核心厂商文化的认同，符合核心厂商未来发展战略及业务策略；
2. 在核心厂商的供应链体系中占有重要地位，是公司的核心合作伙伴；
3. 与核心厂商合作记录良好，符合银行要求；
4. 近几年发展迅速，未来有进一步发展的潜力且有资金需求。

八、保兑仓风险防范

（一）客户选择环节

1. 选择实力较强的厂商

保兑仓风险控制依托在厂商，因此，应当选择实力较强的厂商，并事先给厂商核定回购担保额度。首先有额度，然后才可以操作保兑仓。

考虑到经销商存在违约概率，10 个经销商在银行办理银行承兑汇票，可能有 2 个存在违约概率，即有 20% 的违约概率。因此，可以给厂商核定较高金额的回购担保额度。同样是授信额度，这类授信额度的违约概率风险要远远低于对企业核定贷款额度。

2. 提供担保的对象最好为流通型企业，而非制造类企业

因为厂商并不是真正回购商品，而是对银行承诺回购商品。其实，最好是在当地将商品调剂销售给其他同类客户，这类客户最好是经销商，而且群体量较大，这样操作较为简单。

（二）操作环节控制

1. 银行承兑汇票的受托交付，必须由银行直接交付给厂商

厂商的退款承诺很明确，只有收到款项后，才会有退款，没有收到货款如何退款？因此，必须在三方合作协议中明确，经销商委托银行将银行承兑汇票交付给厂商，厂商收到银行承兑汇票后，要提供回执。而且厂商在收到银行承兑汇票后，必须向银行提供收到银行承兑汇票的函件。

经常容易出现的风险：银行给经销商办理银行承兑汇票后，经销商没有将银行承兑汇票交付给核心厂商，而是自己通过刻制假印鉴的方式，将银行承兑汇票贴现后，取得资金使用。

2. 严格的打款赎货

很多厂商与经销商为关联客户，厂商拿到银行承兑汇票后，自己私下将商品发给经销商，并没有严格执行打款赎货，而银行因为相信有厂商的回购担保，所以并不严格监控货物。

在汽车经销商融资模式下，汽车已经发给经销商，银行虽然掌控了合

格证，但是经常出现经销商私自将汽车出售，并向购车人承诺很快提供合格证。经销商挪用信贷资金后，并不赎回合格证，导致银行需要掌控的汽车悬空。

（三）商品选择

标的物最好为标准化的商品，受众面较大，而非定制化的特殊商品（例如特殊定制的钢板、特型车等）。如果属于特殊定制的商品，一旦经销商没有能力赎货，再加上是特殊定制的商品，厂商无法调剂销售给其他经销商，可能厂商就会不情愿回购商品。

标的物最好为大宗的钢材、水泥、食品、家电、汽车、药材等，且最好为初级产品，或属于市场受众面较大、具备较好的变现性的商品。

（四）防止核心企业过度通过保兑仓融资的风险

保兑仓项下，核心厂商提供回购担保方式获得了大量的资金。由于核心厂商对经销商提供回购担保，这类保兑仓回购担保并不需要披露，而且无须在贷款卡中披露，很多核心厂商可能会通过这种方式规避银行的监管。

要防止核心厂商大量过度办理保兑仓融资，一旦融资用于主业还好，如果用于高风险的房地产等市场或者用于固定资产投资，风险就比较大。

厂商可能的要求：很多厂商提出，希望银行首先追索经销商，经销商实在还不了，再追索厂商。银行客户经理应当与厂商协商，尽可能保证还是一旦经销商违约，银行直接追索厂商。如果厂商非常强势，很固执地坚持，银行可以考虑先追索经销商；未果后，再追索厂商。银行客户经理在与厂商谈保兑仓合作，一定要掌握好尺度，不要一开始就让步过多。有时候，并不是客户做不到，而是客户在尝试银行的底线。谈合作一定要沉住气，不要过早亮出底牌。

还有些厂商提出，希望银行对货物的控管不要过于严厉，可以允许厂商自行决定部分的发货，但是厂商承诺对多发货部分也承担担保责任。这种方式，可允许客户操作，在协议中注明即可。保兑仓产品没有绝对的定式，要因客户、因行业而变，机械僵化地使用银行产品没有出路。

九、保兑仓的法律规定

回购担保并没有在法律上（《担保法》）有明文规定，属于商业银行的创新，因此，各家银行在开展保兑仓业务的时候，有时候法律部门会提出异议。很正常，法律上存在的只有连带责任担保和一般担保，所以回购担保是银行的创新品种。在银行内部，为了审批部门的审批方便，我们称之为回购担保。在与客户签订保兑仓三方协议中，一般不体现“担保”字样，只有“回购”、“退款”字样，因为卖方很多是大型上市公司，不能对外提供担保。

保兑仓回购担保属于核心企业对经销商的承诺。保兑仓更多可以依靠的是《合同法》，《合同法》规定双方必须诚信交易，切实履行承诺。

由于在法律上并没有规定回购担保，因此，很多上市公司提供了回购担保却不披露。

有一次，我们的培训老师在一家银行培训讲到了保兑仓，下面学员中有一位律师就问，如果法律没有规定，银行就操作了保兑仓，虽然我们认为厂商会回购，但是没有法律约束，银行有巨大风险，所以不能做。当时，我们的老师无语，在中国，很多金融创新没有法律可以依托，如果一定要找到保护的依据才能做，那么将寸步难行。邓小平同志说过“摸着石头过河”理论。梁启超先生在清华大学讲过“人之生于世犹舟之航海，顺风逆风，因时而异。如必顺风而后帆，登岸无日矣”。

十、保兑仓的授信额度操作

1. 典型的“1 + N”业务模式：1为卖方核心企业（包括生产厂商或其附属的专业销售公司或特大型综合贸易企业），N是卖方指定的买方，相互间具有稳定的购销关系。

2. 卖方承担不发货退款或所销售产品回购责任，并通过签署书面协议（保兑仓业务协议）的形式进行明确。退款或回购条件应当是仅凭银行通知或提交物权凭证形式，对于卖方回购是以货物交付为条件的，银行需委托仓储监管机构控管货物。

3. 卖方的退款或回购额度纳入银行对其统一授信管理范围，但无须与客户签订《综合授信协议》。

4. 无论在保兑仓业务项下对买方采用双额度管理还是单一额度管理的方式，所有买方的敞口授信额度总和不得大于银行给予卖方在保兑仓业务项下的授信总额。在给卖方核定的总回购担保额度内，操作对经销商的具体授信业务。

在这里，各位客户经理一定要记住，所有买方的敞口授信额度之和要小于卖方的回购担保额度，同时记住，买方大部分办理的是银行承兑汇票，所以要扣除保证金。

5. 保兑仓业务的买方原则上由卖方推荐并提出相关的额度建议，银行对买方的授信不得超过卖方所推荐的额度。

对卖方核定的保兑仓回购担保授信额度，原则上有效期不超过一年。

对于经营情况稳定，从事关乎国计民生、特大型，在行业内处于垄断地位的保兑仓业务卖方，回购担保授信额度有效期最长不超过三年。在授信有效期内的保兑仓授信额度可以循环使用。

十一、什么是保兑仓项下单一额度

如果卖方经营较好，承担所销售产品回购责任且履约责任较强，保兑仓业务项下销售货物质量优良，有较强的市场竞争力和市场占有率，并对买方的经营有较强的制约和管控能力的，其相关的保兑仓业务可以实行单一额度管理。单一额度管理是指在授信审批机构对保兑仓业务的卖方核定回购额度后，无须对买方再核定授信额度，直接占用卖方的回购担保额度即可。

实行单一额度管理应满足下列基本条件：

1. 买方承担所销售产品回购责任且回购标准不涉及实物的移交，回购金额可完全覆盖授信敞口部分。回购标准为见银行通知即行回购的。

2. 经销商经营同类商品不低于两年（或公司的前身经营同类商品不低于两年）。

3. 卖方保兑仓网络运行过程中未出现过逾期情况。

4. 卖方拥有较好的市场知名度，属于我国知名品牌。

涉及货物监管的四方保兑仓业务应执行双额度管理。

十二、保兑仓涉及各方

（一）保兑仓业务卖方应满足以下要求

卖方是保兑仓业务风险控制的核心，应选择经营规模较大、实力较强的大中型制造类企业或特大型的一级批发商或特大型综合贸易企业作为银行保兑仓业务的核心企业。除需满足银行对企业一般授信基本条件要求外，保兑仓业务的卖方还应具备以下条件：

1. 信用等级评定原则上为A级或以上；

2. 生产商须为国内知名企业，产品质量稳定，原料供应和生产能力充足，销售的商品须是市场适销对路且为卖方的主营业务产品；

3. 综合贸易企业需为知名产品或大宗畅销商品的区域总代理商，有覆盖面广、数量众多二级代理商所构成的销售网络；

4. 在过去两年的销售合同履约记录良好，无因产品质量或交货期限等问题而与买方产生贸易纠纷；

5. 保兑仓行业集中在钢铁、家电、造纸、水泥、报刊、服装、日用品、饮料、制药、酒业等行业。

（二）保兑仓业务买方应满足以下条件

1. 符合银行关于法人客户授信的基本规定，企业法人营业执照、贷款卡、组织机构代码证书经最新年检，注册资金已经全额到位，依法从事经营活动，并在银行开立结算户；

2. 原则上，至少有一年以上经销同类商品的经验，是卖方在协办行所在区域的销售代理，与卖方有真实、正常和稳定的商品购销关系。

如为生产商，必须严格筛选经销商，切实控制风险。

十三、有关术语释义

1. 回购担保额度：是指根据银行统一授信管理规定，对卖方在银行保兑仓业务项下承担不发货退款或所销售产品回购责任所核定的相应授信额度。

2. 保兑仓业务协议：是指卖方、买方、银行及仓储监管机构（如有）为明确各自在保兑仓业务中的权利和义务而签订的书面法律文书。

3. 保证金：是指在对应银行授信产品项下，买方向银行缴存的用于满足授信条件及封闭银行授信产品敞口的资金。在保兑仓项下，填满银行承兑汇票敞口的质押物既包括定期存款，也包括符合贴现规定的银行承兑汇票，以及合格的应收账款。

4. 发货通知书：是指银行根据买方缴存保证金数额向卖方（或仓储监管机构）签发的、卖方（或仓储监管机构）凭以发运或释放货物的书面凭据。

5. 授信工具：包括银行承兑汇票、封闭贷款、法人账户透支业务、国内信用证、商业承兑汇票保押等。针对买方提供的具体授信品种，使用的顺序为：

首先使用的产品：最经常使用的是银行承兑汇票，在保兑仓业务中占到90%。

其次使用的产品：封闭贷款。

再次使用的产品：法人账户透支业务。在卖方非常强势的时候，使用这类模式。

最后使用的产品：国内信用证业务。在卖方实力一般、买方同样实力一般的时候，使用这类模式。

最新颖的方式：商业承兑汇票保押。给买方办理商业承兑汇票，卖方收到商业承兑汇票后，在银行办理商票转换为银行承兑汇票。买方不断交保证金，封闭商业承兑汇票敞口。

十四、风险控制

1. 买方应在银行授信产品约定的期限内缴存保证金封闭敞口，如在约定的时间保证金仍未缴足，即买方未能偿还债务，银行将向卖方追偿，卖方须在10个工作日（根据货物的不同，可以适当调整）内履行退款或回购责任。

2. 在四方保兑仓见货回购模式项下，对于需要投保的货物，买方应当在银行认可的财险公司投保，被保险人为银行。需要投保的货物通常都是容易发生化学变化的危险品、燃烧的能源等。

3. 对卖方处理必须坚决。如果出现买方没有按期履约的情况，必须立即开展对卖方的追索活动，不要有任何的犹豫。必须提前发现买方的经营情况，在银行承兑汇票到期前10天即通知，一旦买方出现资金周转困难的苗头，立即追索卖方。

【案例】　成功收回汽车经销商票据融资

正确的做法：如某汽车经销商在厦门某汽车制造有限公司提供回购担保的情况下获得1 000万元的银行承兑汇票额度。票据到期前，客户经理通知客户准备兑付票据。经销商声明由于销售不佳，无力解付票据，希望银行能够展期或要求银行介绍其他企业给其融资，客户许以高息。客户经理在得知消息后马上报告支行行长。行长在与分行协商后，决定对经销商采取强势，要求其必须偿付票据，同时通知厦门某汽车制造有限公司准备回购汽车。厦门某汽车制造公司首先尝试调剂销售汽车未果后，在银行承兑汇票到期当日，主动划还一笔资金解付票据，然后将整车提走。该银行在与该汽车经销商的博弈中全胜而退。

错误的做法：某银行客户经理为上海立生公司办理一笔300万元流动资金贷款，提供房产抵押，贷款到期后上海立生公司没能还款。上海立生公司要求银行为其找资金还款，并许以高息，承诺一旦归还银行此笔贷款后，配合银行办理新的借款，再归还拆借来的资金。银行客户经理为其介绍上海新信贸易公司300万元资金，支行擅自为上海新信贸易公司提供了担保，在贷款给上海立生公司后归还银行融资。后来，由于总行重新制定了对部分行业中小客户退出的政策，总行上收了审批权限，对上海立生公司的新贷款没有能够发放，上海新信贸易公司在追索无望后将银行告上法庭，支行行长、客户经理均被开除。

【点评】

以上案例都是真实发生的案例，基本是两个相同的事件，结果却大相径庭。

第一个案例，银行采取了正确的措施。虽然经历了一些周折，还是安全收回银行本金。可以设想，一旦答应了该经销商的要求，将步步受制，本来银行可以控制汽车厂商，风险迎刃化解；而银行一旦将贷款展期，或介绍其他企业资金给经销商，将步步受制于经销商，最终形成风险。而第二个案例，银行将本来拥有的大好局面丧失殆尽。本来，只要要求强行将抵押房产进行拍卖，客户慑于法律的压力，自然会想办法筹措资金还款的。即便从最坏处着想，将房产进行变现处理，银行通常也不会出现较大的风险损失。

十五、保兑仓适用授信产品

保兑仓最适合的授信产品是银行承兑汇票。由于银行承兑汇票融资成本较低，且直接连接买卖双方，服务真实贸易背景，因此，非常适合保兑仓。

而且核心厂商提供回购担保，占用自身的授信额度，给经销商办理保兑仓，主要动机就是借道经销商取得融资，核心厂商决定着保兑仓的游戏规则，因此，核心厂商不会同意使用商业承兑汇票或国内信用证。

银行承兑汇票有较好的杠杆融资效果。给核心厂商核定1亿元，经销商交存50%保证金，银行可以获得1亿元的存款。再加上经销商可以配比一定量的全额保证金银行承兑汇票，通常还可以额外增加1亿~2亿元存款。

十六、对核心企业授信额度的认识

对于一些特别强势的制造类企业，银行可以将这类客户作为核心企业，为核心企业核定授信额度，这类授信额度核心企业自己并不使用，而是由上下游企业使用，核心企业提供担保。这种授信使用方式的效果远远强于由核心企业自己使用。

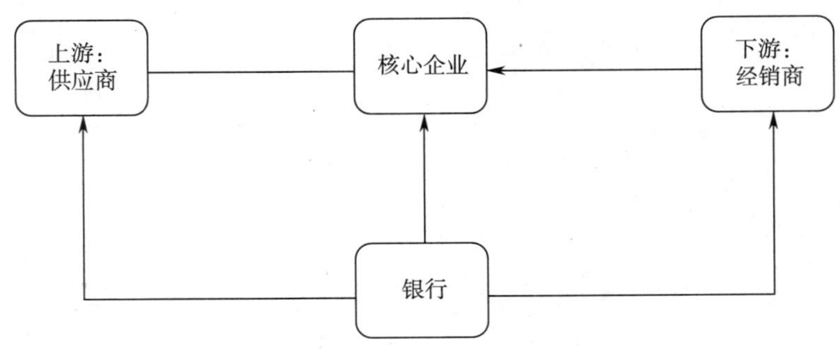

图1-17 对核心企业授信流程图

如果核心企业非常强势，并不提供财务资料，那么就提供内部授信额度，通过收集公开资料方式，为企业核定授信额度。

回购担保额度指向核心企业的经销商，买方付款担保额度指向核心企业的供应商，一正一反。所以，银行在对核心企业核定授信额度的时候，可以非常灵活。

对核心企业核定的商业承兑汇票保贴额度、商业承兑汇票保押额度，和买方付款担保额度都是指向供应商；回购担保额度指向经销商，分别属于核心企业对上游和下游的拖欠，都属于核心企业在经营产业链的商务融资。所以，完全可以相互串用。

四类额度的性质一样，完全可以互相串用，从而提高授信额度的使用效率。

真正控制风险的不是担保和抵押，而是对客户深入骨髓的了解。一旦客户故意违约，曾经看起来坚若磐石的风险控制手段，都将变得不堪一击。

第二篇

行业保兑仓案例

一、钢铁厂商银保兑仓

通过真实的案例，我们将给广大银行客户经理展示保兑仓这款产品在很多行业的应用。

【产品定义】

钢铁保兑仓业务是以银行承兑汇票为结算工具，钢铁厂商及其下游钢铁经销商、银行三方协议约定，由银行控制货权、厂商受托保管货物、银行为经销商开出银行承兑汇票购买钢材的一种供应链融资产品。

【行业概况】

1. 行业范围

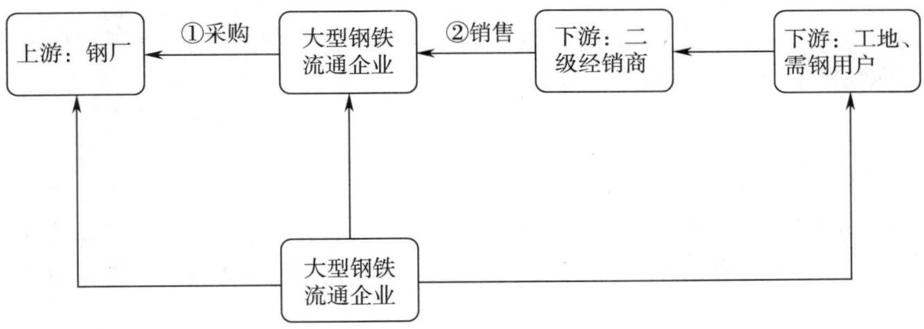

2. 行业特点

钢铁行业属于典型的周期性行业，与国民经济发展，尤其是固定资产投资密切相关。钢铁行业作为国民经济支柱行业，有利于银行长期化、系统化、专业化地深入开展钢铁行业营销工作。钢铁行业是银行拓展保兑仓业务最适合的黄金客户群体。

发展原则：密切关注行业形势变化，以做深、做大钢铁行业优质核心客户为主旨，以做多、做强供应链融资网络为重点，深化整体营销，做主流客户的主流银行，在加大行业核心客户信贷投放的同时，以供应链融资产品为重点，加大对核心企业上下游配套企业的信贷支持力度，做强供应链融资业务，提高行业存款沉淀和综合收益水平，增加银行基础客户群体。

【适用客户】

1. 核心钢铁生产企业

优先支持年产量700万吨以上的钢铁企业，可择优提供中长期授信。对于其中大部分客户及其所属企业，应积极推进供应链融资网络建设。

择优支持符合国家产业政策、拥有资源或交通运输或区域优势、符合环保要求，年产量500万~700万吨的大型钢铁生产企业。该类客户在进行主体授信支持的同时，应重点推进供应链融资网络。

对于产量300万~500万吨的钢铁生产企业，应强化供应链融资网络建设，新增授信主要以其作为核心客户开展供应链融资业务（供应链融资业务原则上不低于总授信额度的60%）。

产量300万吨以下的钢铁生产企业，择优支持符合国家政策和环保要求，销售收入50亿元以上，产能配套，近三年平均吨钢利润100元以上、产销率不低于95%，具有良好经济和社会效益的钢铁生产企业。该类客户授信以供应链融资等短期融资为主（供应链融资业务原则上不低于总授信额度的70%）。

2. 钢厂上下游客户

围绕钢铁行业核心客户，针对其上游铁矿石、煤炭、焦炭企业，下游钢贸企业及加工企业积极开展供应链融资业务，全面做深做透钢铁保兑仓融资网络项下的上下游客户。

针对全国及地区性钢贸市场，择优向入场钢贸企业提供支持。

择优支持金属制品行业龙头企业。

择优支持在核心钢铁生产企业支持下，或为区域产业集群配套，或以主要用钢企业为中心，建立钢材加工及剪切配送中心的建设。

鼓励钢铁生产和设备制造企业出口国内有优势的技术和冶金成套设备，并在出口信贷等方面给予支持。

【营销建议】

钢铁行业是一个“大钢铁”概念，不仅包含钢铁冶炼企业，还涵盖钢铁行业上下游企业和配套企业。钢铁行业作为工业原材料的生产和加工部门，处于工业产业链的中间位置，关联行业众多，行业联动效应显著。钢厂普遍规模大，且多为当地龙头企业集团，影响和辐射范围广泛，银行可营销的金融产品同样非常广泛，尤其是钢厂众多上下游企业，更是银行发展中小企业融资、货押融资、供应链融资的重要领域。

上游：保理，商票，应收账款融资，银关保（铁矿石进出口方面），订单融资，信用证融资等。

核心企业：集团整体综合授信（转授权领用），预收款融资（银票—银票代理贴理或买方付息贴现、法透—封闭付款、未来货权融资等），预付款融资（保理融资、商票—商票保贴—商票贴现、信用证融资）。

下游：三方保兑仓（单一额度和双额度），四方保兑仓，未来货权，商票，应付款融资，法透，国内信用证等。

其他：商商银、市商银、联保融资、担保融资、货押融资等。

【案例1】　南源钢铁集团有限公司保兑仓

（一）企业基本情况

南源钢铁集团有限公司拥有唐钢集团、邯钢集团、宣钢集团、承钢集团、舞阳钢铁、衡水薄板、财达证券、国贸、矿业、京唐等10个全资和控股、参股公司。实现钢产量3 285万吨，销售收入1 650亿元，是仅次于宝钢的全国第二大钢铁集团公司。

（二）银行切入点分析

南源钢铁集团有限公司属于特大型钢铁生产企业，具备非常强的实力。营销南源钢铁集团应当立足其上下游客户，营销整个南源钢铁集团的经营现金流。

（三）银企合作情况

1. 授信方案

授信主体：南源钢铁集团有限公司

授信金额：50亿元保兑仓回购担保额度

授信品种：法人账户透支

使用方式：单一额度管理，可转授权给子公司使用

2. 授信产品操作要点

（1）使用银行保兑仓业务三方协议。

（2）保兑仓业务是指银行应核心厂家、经销商双方的申请，为经销商提供法人账户透支融资，专项用于经销商向厂家支付钢材款。

3. 经销商每次申请提货必须先向银行归还相应金额的法人账户透支借款，银行按经销商还款金额向厂家签发发货通知书，厂家按照发货通知书的要求

向经销商发货。

4. 单笔透支业务期限不超过90天；利息按实际使用天数计息。

5. 法人透支额度可循环操作，直至法人账户透支借款本金及利息全额归还。

6. 法人账户透支融资到期时由经销商归还法人账户透支未还款部分，如厂家发货累计金额没有达到经销商已支付对应法人账户透支借款金额，则厂家承担未发货部分的退款责任，并承担由此产生的利息及罚息。

7. 法人透支项下的保证金比例为20%，保证金可用于提货。

8. 经销商需开立法人透支账户，开通网上银行，透支款通过网上银行限制账户划转。

【案例2】 广州江津钒钛股份有限公司保兑仓

（一）企业基本情况

1. 广州江津钒钛股份有限公司

广州江津钒钛股份有限公司是由广州钢铁集团有限公司独家发起，以定向募集方式设立的股份有限公司。公司在上海证券交易所挂牌上市。

2. 承德富顺工贸有限责任公司

主营业务：建筑材料、钢材、金属材料、装潢材料、耐火材料、五金交电、电子产品、电料及产品（不含易燃易爆危险有害的产品）、日用百货、服装服饰、办公设备销售、机械设备、冶金设备、汽车配件销售、金属结构件加工。

承德富顺工贸有限责任公司是广州江津钒钛股份有限公司的主要合作经销商，符合银行保兑仓业务经销商的条件。从2010年开始，该行就专门围绕广州钢铁集团的上下游企业进行多次调研，准备从保兑仓业务上实现产品创新。

（二）银行切入点分析

承德富顺工贸有限责任公司属于中小企业，没有合格的担保和抵押品，这类客户最适合的营销方式是保兑仓项下的回购担保，借助广州江津钒钛股份有限公司强大的履约能力，为承德富顺工贸有限责任公司提供授信，而承德富顺工贸有限责任公司属于中小流通企业，周转速度极快，如果能够提供银行承兑汇票，可以带来非常可观的存款。

（三）银企合作情况

承德分行对承德富顺工贸有限责任公司办理5 600万元一般额度授信，专门用于经办保兑仓业务。除承德富顺工贸有限责任公司以外，该行还储备承德富荣佳工贸等四家可以办理保兑仓业务的客户。

保兑仓业务是指生产厂家（卖方）、经销商（买方）和银行三方合作，以银行信用为载体，以银行承兑汇票为结算工具，由银行控制提货权，生产厂家受托保管货物并承担对未提货部分的回购担保责任，买方随缴保证金随提货，银行根据保证金比例向经销商释放提货权的一种特定票据业务服务模式。

二、钢铁商商银保兑仓

【产品定义】

钢铁商商银保兑仓业务是以银行承兑汇票为结算工具，一级钢铁经销商及其下游二级钢铁经销商、仓储监管方、银行四方协议约定，由银行控制货权、仓储监管方受托保管货物、银行为二级经销商开出银行承兑汇票，购买一级经销商钢材的一种供应链融资产品。

【行业概况】

钢铁贸易行业，特大型的钢贸企业较为强势，与下游的二级经销商关系密切，交易频繁。特大型钢贸企业履约能力较好，具备非常好的营销价值。钢贸企业群体非常特殊，有着非常好的开发价值，如果风险控制得力，会给银行带来较大的价值。

【适用客户】

五矿钢铁有限公司在各地的子公司、中国中钢集团在各地的子公司、中铁物资有限公司在各地的子公司、浙江物产集团。

这类区域强势的钢铁经销商非常多，具备强大的市场控制力度，这些特大型钢铁经销商的下游客户一般都有超过二三十家二级经销商，彼此相互依赖，形成紧密的钢铁贸易链条，非常适合拓展保兑仓业务。

【营销建议】

钢铁行业是银行营销保兑仓的传统行业，厂商、经销商数量众多，整个行业结算方式清晰，上下游企业关系密切，非常适合营销保兑仓业务。大型钢贸企业和其二级经销商构成非常紧密的产业链，银行可以借助大型钢贸企业突破整个产业链。

对特大型钢贸企业直接提供敞口银行承兑汇票额度的效果，远远逊于按照保兑仓的方式为特大型钢贸企业核定回购担保额度，而给二级经销商办理银行承兑汇票。举个例子：给中铁物资有限公司核定1亿元授信额度，如果中铁物资有限公司直接使用，肯定是免保证金，银行没有任何存款；如果1亿元授信额度用于给二级经销商作回购担保，可以要求二级经销商交存50%的保证金，银行立即有5000万元存款。

【信贷管理】

风险控制的核心是对大型钢贸企业核定授信额度，同时辅助对钢材进行监管控制，牢牢监控大型钢贸企业和二级钢贸企业的资金流，银行因为可以控制资金流和物流而信贷资金得以安全。相比较而言，对钢铁经销商的融资风险顺序如下：

风险最小的方式：保兑仓，由核心钢厂提供回购担保。

风险适中的方式：货押融资，以钢材现货质押。

风险最大的方式：联保贷款，由多个钢铁经销商联保。

【案例1】 南昌物资金属国际贸易有限公司单一额度保兑仓方案

（一）企业基本情况

南昌物资金属国际贸易有限公司（以下简称南物金属）是南昌市物资集团总公司的全资子公司，公司注册资本45 614万元，主要从事金属材料、矿产品、炉料、金属制品的国际贸易与物流加工配送。

南物金属财务状况：总资产19.3亿元，其中流动资产13.88亿元；负债13.45亿元，全部为流动负债；所有者权益5.83亿元；实现销售收入94.99亿元；净利润4 217万元。企业每年销售收入计划增长10%左右，因此对资金需求较大。

（二）银行切入点分析

南物金属上游客户主要是我国各大钢铁生产企业，下游销售主要采取经销商、直供户和小部分零售相结合的方式。销售产品涉及冷轧板材、热轧板材、镀锌板材、带钢等近4 000个规格品种，销售区域涉及京津、东北、华北、华东、华南等12个省份及美国、巴西、中东等19个国家和地区。与下游结算方式为预付款加现款现货的方式，并接受银行承兑汇票结算。

（三）银企合作情况

A. 操作方案

1. 授信品种

在标准保兑仓核心企业回购担保额度项下开立不超过6个月的银行承兑汇票。

2. 成员单位

（1）主办单位：南昌物资金属国际贸易有限公司。

（2）网络单位：南昌物资金属国际贸易有限公司下游经销商。

B. 合作模式

针对企业实际需要和不同经销商的特点，银行拟采取由主办单位推荐制搭建金融服务网络。

1. 模式特点

银行向经销商提供授信，定向用于向南物金属购买货物，以南物金属对未向经销商销售发运的商品及经销商到期未能补足的银行承兑汇票敞口对应商品承担退款、回购责任作为担保措施。由南昌市物资集团总公司对该回购担保额度提供连带责任保证担保。

2. 具体流程

（1）银行为南物金属申报“其他回购担保额度”，该额度由南昌市物资集团总公司提供连带责任保证担保。

（2）南物金属在银行取得回购担保额度后，向银行提供其推荐的经销商名单及额度切分明细，由主办银行将买方名单及额度切分信息通知相关分行。考虑到企业存在统购分销的经营模式，因此银行拟同意其下属子公司也纳入主办单位的推荐范围内，但原则上不超过总授信额度的30%。

（3）银行以分配额度为上限对经销商进行授信审批。授信品种为银行承兑汇票，银行承兑汇票开立及补足保证金按银行相关规定执行。具体开票方式为经销商开立期限不超过6个月的银行承兑汇票，保证金比例不低于20%。

（4）经销商在银行取得开立银承额度后，协办行、南物金属和经销商签订银行标准版本三方协议。

（5）协办行收妥经销商缴存的保证金后开立收款人为南物金属的银行承兑汇票，南物金属收到银行承兑汇票后向银行出具银行承兑汇票收妥确认书；银行在收到南物金属的银行承兑汇票确认单后，根据经销商的申请，在不超过初始保证金金额范围内，向南物金属发送发货指令，南物金属按银行出具的发货指令，向经销商发送相应价值的货物，并同时向银行出具退款/回购承诺函、发货清单；银行按照经销商后续补足的保证金金额向南物金属发出相应发货指令，南物金属严格按照银行发货指令向经销商发货，并逐笔向银行出具发货清单；一旦发生回购时，南物金属见银行发出的退款/回购通知书即履行回购义务。

（6）经销商应在银行承兑汇票到期前缴存保证金封闭敞口（原则上应于银行承兑汇票到期前30天补足，如有特殊情况可由经销商与主办单位向银行提交书面申请，银行酌情予以适当延期，最长可延期至银行承兑汇票到期前10日），如保证金未能及时缴足，即经销商未能偿还债务，银行将向南物金属发送退款/回购通知书，南物金属随即履行回购义务。

3. 收益预测

——建立供应链金融服务网络以后收益预测。

南物金属销售网络已经覆盖东北、华北、华东、华南等12个省份，下游客户可达上千家。银行为其拟订的整体方案可以将南物金属销售链的下游整合在一起，可为银行带来存款、中间业务收入、贴现等综合收益。

存款：银行为经销商开立20%保证金、随之补充保证金提货，这样滚动开票、滚动补充保证金提货，预计可为银行带来稳定的存款沉淀。

中间业务收入：银行为经销商开立银行承兑汇票可带来相应的手续费收入；同时按照经销商开立的银行承兑汇票敞口部分，比照1‰每月收取财务顾问费；另外，经销商在银行开立结算账户后，可为银行带来相应的结算业务手续费收入，包括电汇、网上银行、现金管理。

贴现：南物金属承诺，在收到银行开立银行承兑汇票后，在银行贴现利率与市场其他银行贴现利率相比没有太大出入时，会将此银行承兑汇票优先。在银行办理贴现业务，这样就会给银行带来相应的贴现收益。

其他：经销商需要在银行开立结算账户，一些对公结算业务的办理会带动其在银行对公理财、对公网上银行以及对私业务的发展。

4. 风险控制

（1）银行为经销商开立的银行承兑汇票应由银行直接寄送或交付给南物金属，并由南物金属出具收到保兑仓业务协议项下银行承兑票据确认函。

（2）银行根据经销商陆续续存的保证金金额向南物金属发出发货指令，

南物金属按照银行发货指令的要求，向经销商发送相应货值的货物，同时逐笔向银行出具发货清单。

(3) 银行业务部门建立保兑仓业务台账管理制度，并及时与客户核对，确保协议项下商品的总量和保证金能有效覆盖风险敞口。

(4) 核心企业南物金属承担回购担保责任，同时由南昌市物资集团总公司对回购额度提供连带责任保证担保。物资集团是国有大型贸易企业，由国资委直接领导，也是银行重点客户，资信良好，实力雄厚，产品畅销，有较高的还款保障，确保银行授信安全。

【案例2】　钢铁保兑仓商商银营销授信方案

(一) 企业基本概况

云南庆祥实业有限公司（以下简称云南庆祥）注册资本2 000万元，总资产9亿元，净资产1亿元，年销售收入16亿元，利润1 000多万元。云南庆祥与昆楚钢铁集团签订了不低于50万吨钢材采购量的合同，每月需向昆楚钢铁集团购钢材4万吨以上。其销售结构中50%为自有终端项目，50%批发给二级经销商。

(二) 银行切入点分析

银行尝试将业务链条向昆楚钢铁集团一级经销商的下游进行延伸，通过扶持具备实力的一级经销商的下游企业，更进一步锁定供应链环节中的物流和资金流向。银行通过对所有一级经销商进行分析，鉴于云南庆祥独特股东背景，最终选定了云南庆祥作为钢铁保兑仓商商银业务的试点，业务思路很快得到了云南庆祥及云南物流产业集团的认可。

钢铁保兑仓商商银业务是银行与昆楚钢铁集团在合作开展钢铁保兑仓业务基础上进一步开发的产品，通过支持具备实力的昆楚钢铁集团一级经销商的下游经销商（二级经销商），进一步锁定钢材销售环节的物流和资金流向，以达到延伸供应链条，扩展客户渠道的目的。

钢铁保兑仓商商银业务是以银行承兑汇票为结算工具，一级经销商及其下游二级经销商、仓储监管方、银行、特定担保方五方协议约定，由银行控制货权、仓储监管方受托保管货物、特定担保方连带责任担保、银行为二级经销商开出银行承兑汇票，购买一级经销商钢材的链式融资产品。

银行此次开展的钢铁保兑仓商商银业务选定与银行合作钢铁保兑仓业务一级经销商——云南庆祥实业有限公司进行合作，同时引入云南鑫盛物流有限公司作为仓储监管方。

（三）银企合作情况

银行的钢铁保兑仓业务给予一级经销商授信，形成一级经销商对昆楚钢铁集团的依赖。二级经销商由于不具备从昆楚钢铁集团直接提货的资格，因此其采购来源于市场，为获得及时稳定的货源和品种，更多地需要依托昆楚钢铁集团一级经销商。因此每个一级经销商总有一批稳定的下游二级经销商客户，由于相互间的依赖关系，使得业务合作稳定程度和信誉程度都较高。如果银行介入对一级经销商稳定的下游二级经销商的授信，一方面受到二级经销商欢迎，另一方面更为重要的是强化一级经销商对其下游的控制力，增加下游经销商的稳定性。为了做到这一点，就必须在一级经销商层面搭建一个平台，既形成对二级经销商的支持，又形成二级经销商对这一平台的依赖。

在锁定物流和资金流向的基础上引入货押、盯市等措施进行风险控制。同时在钢铁保兑仓商商银业务项下捆绑了现金管理、买方付息票据贴现等产品，可实现资金在从银行到二级经销商到一级经销商再到昆楚钢铁集团的封闭运行。

在整个业务方案中，云南庆祥须履行发货义务并承担相应的责任，仓储监管方需要对物流实施监管，在得到银行出具出库通知书后才予以发货。

【点评】

1. 钢铁保兑仓商商银业务方案得以形成，首先在于银行对钢厂的销售流程和销售政策进行了深入的研究，对钢厂产品在市场的流转及价格体系有细致的了解和分析，通过对资金流和物流的观察找到了业务创新的要点。

2. 尽管钢厂对一级经销商向银行的融资提供了回购增信措施，但是一级经销商在获得支持的同时也必须接受钢厂要求一级经销商承担的责任和义务。因此，其中一些一级经销商也在渴望找到新的融资模式。银行“钢铁保兑仓商商银业务”正是探查到了这些一级经销商的需求，并有针对性地进行营销和业务方案设计才得以成功。

三、水泥保兑仓

【产品定义】

水泥保兑仓业务是以银行承兑汇票为结算工具，水泥厂商及其下游混凝土经销商、银行三方协议约定，由银行控制货权、水泥厂商受托保管货物、银行为经销商开出银行承兑汇票，购买水泥，由水泥厂商提供回购担保的一种供应链融资产品。

【行业概况】

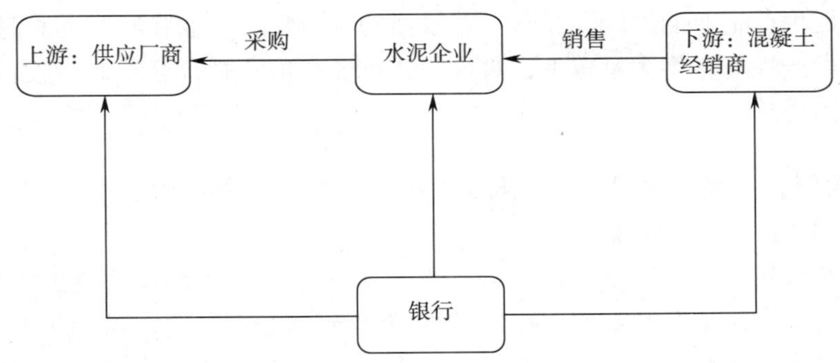

水泥是重要材料工业，产品广泛应用于建筑、军工、环保、高新技术产业和人民生活等领域，与国民经济发展，尤其是基础设施建设投资、房地产建设投资密切相关，是典型的周期性发展行业。我国水泥产能巨大，产量居世界第一位。水泥采取经销商模式，水泥厂商将水泥销售给混凝土经销商，混凝土经销商将水和砂石混合后形成混凝土再销售。

【适用客户】

重点支持全国熟料产量排名前十六位的大型企业集团及其优质核心下属企业；择优支持在省级区域市场中，市场占有率排名位于前三位、以日产4 000吨（西部地区为日产3 000 吨）以上的生产线为主（产能超过70%）的企业集团。

【营销建设】

水泥属于上下游关系较为密切的产业链，结算大量使用银行承兑汇票，非常适合营销保兑仓业务。对水泥制造企业直接提供贷款或银行承兑汇票的效果远远不如保兑仓。

【信贷管理】

1. 高度重视环保风险

禁止对于环评不达标、污染排放超过国家和地方规定标准的生产企业提供保兑仓授信。

2. 高度关注区域市场内的产能过剩风险

产能过剩风险是建材生产企业面临的主要风险，在未来相当一段时间内，产能过剩的风险都将较为突出。控制对中型的民营水泥企业提供保兑仓授信。

3. 加强贷款期限管理

水泥生产企业的生产和经营具有较强的季节性，企业在旺季即将过去时，所需的生产性资金将大量减少，对这一特点要高度重视，合理制定授信期限，及时收回贷款。

【案例】 冀东水泥股份有限公司水泥销售网络融资案例

（一）企业基本情况

冀东水泥股份有限公司的核心产业为水泥、熟料及商品混凝土的生产和销售。冀东水泥是国家重点支持的12家大型水泥企业之一，以产销量计，公司是京津冀地区最大的水泥供应商，同时也是北京市最大的水泥生产商，在北京总的市场和高标号水泥市场分别占据40%和70%的份额。目前公司的水泥产能约为1 500万吨/年，商品混凝土产能为240万立方米/年。

上游客户：石灰石供应商。

下游客户：下游水泥经销商以及施工工地等。

（二）银行切入点分析

为了帮助冀东水泥实现发展经销商、促进产品销售的目标，银行与冀东水泥及其水泥经销商签订了三方协议，采用保兑仓模式运作。具体做法：经销商先将贷款的30%作为保证金存入银行，银行收到这笔货款之后，就告知冀东水泥相关情况，同时冀东水泥下达供货的指令。

通过该产品增加了经销商的议价能力，同时也为冀东水泥降低了财务成本。

在合作之前，经销商受自身资金实力不强的限制，无法在水泥销售淡季，以相对较低的价格订到足够的水泥。等手头现金宽裕时，产品的价格却随行就势涨起来了。通过物流融资项目，经销商做到了以小博大，仅通过存入的保证金就可以在合适的价位订到所需的全部水泥。

冀东水泥在合作中同样是受益者。它们不用再担心出货后无法正常结清货款的麻烦，银行会为其开据承兑汇票。冀东水泥贴现之后，就可以拿到现金，投入再生产。如果不贴现，公司可以做背书，继续使用。另外一个好处是由于经销商订全年货，冀东水泥可以更好地安排一年的生产计划。

（三）银企合作情况

为促进公司产品的销售与回款，公司拟与客户、银行合作开展保兑仓业务。公司在银行办理的保兑仓额度为2亿元人民币，首期办理保兑仓额度8 500万元人民币，并授权董事长代表公司签署有关合作协议。

保兑仓业务模式实质上是客户按融资总额的30%向银行指定账户存入保证金，银行将全部融资额以承兑汇票形式交付给公司，公司为客户提供70%融资额担保。本次办理8 500万元人民币的保兑仓额度，公司为客户提供5 950万元的连带责任担保。具体为客户提供担保额度如下：

单位：万元

序号	客户名称	保兑仓业务金额	担保金额
1	北京中建宏福混凝土有限公司	1 000	700
2	天津市滨涛混凝土有限公司	2 000	1 400
3	天津市宏瑞混凝土有限公司	500	350
4	天津欣洲万隆商贸有限公司	2 000	1 400
5	北京京辉混凝土有限公司	2 000	1 400
6	唐山昌坤商贸有限公司	1 000	700
合计担保金额		8 500	5 950

1. 被担保客户基本情况

（1）北京中建宏福混凝土有限公司，注册资本：2 000万元。经营范围：普通货物运输；专业承包；货物专用运输（罐式）。公司资产总额为11 987万元，负债总额为4 892万元，资产负债率为40.81%，净资产7 095万元，实现营业收入7 369万元，实现净利润934万元。

（2）天津市滨涛混凝土有限公司，注册资本：2 000万元。主营业务：预拌商品混凝土；普通货物运输；建筑材料、民用钢材、汽车配件、五金、交电、化工产品（危险品、易制毒品及含金银产品除外）、纺织品（批发兼零售）；室内外装饰；与建筑工程设施配套的线路、管道、设备的安装；混凝土预制构件制造；土石方工程（国家规定许可证、资质证或有关部门审批的项目经营资格及限期以许可证或审批为准）。

公司资产总额为14 688万元，负债总额为11 901万元，资产负债率为81.03%，净资产2 786万元，实现营业收入31 440万元，实现净利润114万元。

（3）天津宏瑞混凝土有限公司，注册资本：1 000 万元。经营范围：预制商品混凝土生产、销售、泵送；混凝土试验；建筑材料批发兼零售。国家有专项专营规定的按规定执行。

公司资产总额为 8 370 万元，负债总额为 5 481 万元，资产负债率为 65.48%，净资产 2 889 万元，实现营业收入 13 148 万元，实现净利润 1 360 万元。

（4）天津欣洲万隆商贸有限公司，注册资本：2 000 万元。经营范围：水泥制品、建筑材料、机电产品批发兼零售；土石方工程；建筑安装；国内货运代理服务。国家有专营专项规定的按专营专项规定办理。

公司资产总额为 22 114 万元，负债总额为 12 043 万元，资产负债率为 54.46%，净资产 10 071 万元，实现营业收入 12 275 万元，实现净利润 274 万元。

（5）北京京辉混凝土有限公司，注册资本：2 000 万元。主营业务：货物专用运输；专业承包；销售建筑材料、装饰材料、金属材料、机械设备、电器设备、混凝土添加剂（国家有关部门另需审批的项目除外）；建筑机械设备租赁。

公司资产总额为 22 547 万元，负债总额为 12 422 万元，资产负债率为 55.09%，净资产 10 124 万元，实现营业收入 14 198 万元，实现净利润 2 381 万元。

（6）唐山昌坤商贸有限公司，注册资本：120 万元。经营范围：钢材、铜铝材、通用及专用设备、办公设备、文具用品、五金、果菜批发、销售；建筑工程机械租赁、维修。

公司资产总额为 6 275 万元，负债总额为 2 062 万元，资产负债率为 32.86%，净资产 4 213 万元，实现营业收入 5 024 万元，实现净利润 314 万元。

2. 被担保客户为本公司提供的反担保情况

客户名称	客户担保资产情况	原值（万元）	净值（万元）	抵押值（万元）	登记情况
北京中建宏福混凝土有限公司	泵车 2 辆、搅拌车 19 辆	1 503	841	700	已办理完毕抵押登记
天津市滨涛混凝土有限公司	泵车 6 辆、搅拌车 23 辆	2 960	2 287	1 400	已办理完毕抵押登记

续表

客户名称	客户担保资产情况	原值（万元）	净值（万元）	抵押值（万元）	登记情况
天津市宏瑞混凝土有限公司	8 辆车	601	481	350	已办理完毕抵押登记
天津欣洲万隆商贸有限公司	搅拌站运输公司泵车 3 辆、罐车 10 辆	5 174	3 450	2 088	已签订担保合同，车辆已办理抵押登记
北京京辉混凝土有限公司	鑫益铁业有限责任公司全部资产	4 460	4 209	2 525	已签订担保合同
唐山昌坤商贸有限公司	唐山市金马启新水泥有限公司全部资产	3 000	2 000	1 000	正在评估，评估后到相关部门登记
合计		17 698	13 268	8 063	

【点评】

该业务模式可以推广到其他水泥制造企业。以下提供国内重点水泥厂商名单，各位银行客户经理应当认真营销。

水泥“国家队”名单（60 家国家重点支持的企业）

全国性大型水泥企业有 12 家：

安徽海螺集团有限公司、山东山水水泥集团有限公司、浙江三狮集团有限公司、湖北华新水泥股份有限公司、河北唐山冀东水泥股份有限公司、中国联合水泥有限责任公司、吉林亚泰（集团）股份有限公司、中国材料工业科工集团公司（含天山水泥股份公司）、北京金隅集团有限责任公司（含河北太行集团）、河南天瑞集团公司、红狮控股集团有限公司以及甘肃祁连山水泥集团股份有限公司（华润）。

区域性大型水泥企业有 48 家：

内蒙古乌兰水泥集团有限公司、内蒙古蒙西高新材料股份有限公司、河北鹿泉东方鼎新水泥有限公司、山西太原狮头水泥股份有限公司、辽宁工源水泥（集团）有限责任公司、黑龙江佳木斯鸿基集团有限公司、江苏盘固水泥集团有限公司、江苏金峰水泥集团有限公司、浙江虎山集团有限公司、浙江水泥有限公司、安徽铜陵上峰水泥股份有限公司、福建水泥股份有限公司、江西万年青水泥股份有限公司、江西亚东水泥股份有限公司、江西兰丰水泥集团、山东金鲁城有限公司、山东沂州水泥集团总公司、河南孟电集团水泥公司、湖北京兰水泥集团、湖南兆山新星集团、广东塔牌集团有限公司、广东广州越秀水泥集团有限公司、广西华润水泥控股有限公司、广西鱼峰水泥控股有限公司、国投海南水泥有限责任公司、拉法基瑞安（北京）技术服务有限公司重庆分公司、重庆科华（建材）集团有限公司、四川都江堰拉法基水泥有限公司、四川金顶（集团）股份有限公司、云南瑞安建材投资有限公司、陕西声威建材（集团）有限公司、宁夏建材集团有限责任公司、新疆青松建材化工（集团）股份有限公司、上海建筑材料集团水泥有限公司（含上海联合水泥公司）、浙江红火实业集团有限公司、山东烟台东源水泥有限公司、江苏恒来建材股份有限公司、福建龙麟集团有限公司、山东泰山水泥集团有限公司、吉林辽源金刚水泥（集团）有限公司、云南昆钢嘉华水泥建材有限公司、浙江尖峰集团股份有限公司、河南省同力水泥集团、江苏省嘉新京阳水泥有限公司、湖南韶峰水泥集团、葛洲坝股份有限公司水泥厂、大连水泥集团有限公司。

四、机床保兑仓

【产品定义】

机床保兑仓业务是以银行承兑汇票及封闭贷款为结算工具，机床厂商及其下游机床经销商、银行三方协议约定，由银行控制货权、机床厂商受托保管货物、银行为经销商开出银行承兑汇票，购买机床的一种供应链融资产品。

【行业概况】

机床行业中沈阳机床、北京第一机床厂等多采取经销商模式，非常适合操作保兑仓融资。沈阳机床、大连机床等机床行业销售收入前十名企业的产品销售收入之和，已占全行业销售收入近一半。

机床是机械行业之母，机床行业下游客户主要是汽车零部件行业、飞机制造、航空航天、风能、核电、核潜艇制造业和高速铁路等行业，而目前这些细分子行业依然处于景气周期，下游行业高景气明显提高了对机床的需求，对中高档数控机床、加工中心的需求更是大幅增长，普通机床虽然在增长幅度上不如数控机床，但由于普通机床基数较高，下游行业对普通机床的需求量仍然非常可观。

【营销分析】

机床单体金额较大，下游客户购置成本较高，一次性付款难度较大，一般都需要银行贷款，下游客户分期还款。

由机床生产厂商提供二手设备购买承诺，一旦出现下游客户还款风险，由机床厂商回购设备，归还银行贷款。

【适用客户】

珠江机床有限公司、北京第三机床厂、北京市机电研究院、北京市华德液压泵厂机床厂、北京市仪表机床厂、北京市电加工机床厂、青岛昌达机械工具有限公司、北京中联电器集团、天津第二机床总厂、天津市华蓝堡机械制造有限公司、天津第六机床厂、淄博电加工机床厂、山东淄博市淄川冲压设备厂、四砂股份有限公司、石家庄市锻压机床厂、中国山东平原机械厂、中国人民解放军保定市长城锯床厂、山东省第二锻压机床厂、沧州市运东永兴机床附件厂、山西长治机床厂、白鸽（集团）股份有限公司、中国航空工业总公司国营嵩山机械厂、郑州磨料磨具磨削研究所、郑州北方机床有限公司、河南省安阳二机床厂、洛阳机床厂、呼和浩特机床厂、中原量仪股份有限公司、内蒙古海拉尔机床制造有限公司、内蒙古第二机械制造总厂工模具厂、武汉重型机床厂、武汉第五机床厂、老河口光华组合机床（集团）股份有限公司、长沙第二机床厂、长沙第四机床厂、长沙锻压机床厂、湖南大学核机电工厂、湖南七里量具厂、广州市机床工具工业公司、广州华南机床厂。

【营销建议】

机床制造企业上下游客户众多，上游企业多为钢铁经销商等，下游企业为机床经销商，这类客户非常适合银行营销保兑仓业务。对机床制造企业直接营销普通授信产品，效果一般。应当沿着机床企业的产业链，进行关联营销，这样效果远远强于仅单纯营销核心企业。

【案例】　大连机床股份有限公司保兑仓

（一）企业基本情况

1. 厂商情况

大连机床是国内规模最大的金切机床制造企业，在金属切削领域拥有最宽广的产品线，为客户提供车、钻、镗、铣等各类产品，同时还可为客户提供成套解决方案，累计为中国市场提供了近百万台的金切机床，服务领域涵盖通用机械、汽车、新能源、教育、电子等产业。

2. 经销商情况

(1) 青岛青机机电设备有限公司是由青岛市机电公司改制而成的民营企业，下设山东省数控专业培训学校——青岛青工数控职业培训学校，是大连机床集团在山东地区的唯一一家“特许销售中心、特约服务中心”。公司建立了沈阳机床青岛展厅、沈阳机床潍坊展厅，是北京第一机床厂在胶东地区的专营代理商，是齐重数控装备股份有限公司、杭州机床集团股份有限公司在青岛地区的总代理。

(2) 河南鸿泰数控机床有限公司是一家专门经营各类数控机床、普通机床及普通机床改数控机床的专业公司，主要经营普通机床改数控机床、车、铣、刨、磨、镗、钻及加工中心。

(3) 合肥众环机械设备有限责任公司是经销机械加工设备、批发机床附件的专业化公司，现已成为德马吉、台湾胜杰、台湾油欣等品牌安徽区总代理。公司拥有较强的技术力量，形成了为用户造型、工艺编制、刀具选择、机床维修等一条龙服务。

(4) 河南鑫盛华机床有限公司是专业经营机床产品、五金机电、机床附件及数控刀具的大型国有改制股份公司，年销售额过亿元，是河南地区最大的机床专营商。

(5) 无锡机床销售有限公司是一家专业代理机床销售的有限公司，主营业务：机床、数控机床、加工中心、磨床、车床、铣床、大头车床、落地车床、龙门铣床。

(6) 杭州凤起数控机床销售有限公司为杭州机床集团旗下的机床专业销售公司，年销售额达4.3亿元，业绩在银行业中位居前列。公司常年代理销售国内、外著名品牌的机床设备，是北京一机、沈阳机床、齐重数控、齐二机床、重庆机床、上海机床及德马吉等机床厂在浙江地区的指定代理商。

(7) 东莞市联德机电设备有限公司总部设在东莞长安镇，是一家专业的机床代理商，多年来勤勤恳恳地努力，得到了国内机床生产厂家的认可。公司在广州设有办事处及主机仓库，在东莞长安有400余平方米的机床展示厅。

(8) 沈阳龙翔机械有限公司是沈阳机床集团数控加工中心代理商，集销售、生产制造、服务于一体。公司主要经营机械、液压件、沈阳机床集团产品、石油装备、加工中心操作者、加工中心技术咨询、数控专用机床、加工中心工装、加工中心编程、环保设备。

(9) 开封市万通机床有限公司以经营国内外新机床为主，同时为企业进行二手机床调剂串换，主要经营二手机床、铣床、刨床、磨床、滚齿机、剃齿机、外圆磨、内圆磨、刨齿机、插齿机、螺纹磨、二手设备。

(10) 大连通达机床有限公司是隶属于大连机床集团有限责任公司的网点销售公司。主要代理销售大连机床集团生产的加工中心、车削中心的数控车床、数控铣床、普通车床、多刀车床和其他机床厂生产的铣床、刨床、钻床、磨床、镗床等各类机械设备，并销售各类数控机床配件、车铣刨磨机床配件、卡盘、中心架、跟刀架、液压件、刀具刃量具等机械产品，还承揽机床大中修，各种国内、国外加工业务及技术咨询。

(11) 青岛三友经典机床有限公司以代理销售进口、国产高端名牌商品为主。公司现给青岛众多的大中型外资企业配送专用机床专机设备、焊接切割设备、气动液压设备、电气自动化设备、五金工具、轴承、量具、刀具、配件等。

(12) 河南长城机械有限公司是一家专业销售机床的股份制公司，主要经营各种数控机床、普通机床、机床配件以及其他机电产品的批发和零售业务。

(13) 南京新纪元机电设备有限公司是沈阳机床（集团）有限责任公司三星级代理商、无锡机床厂优秀经销商、汉川机床集团有限公司优秀代理商、云南 CY 集团有限公司 A 级代理商（江苏区域）、北京二机床厂有限公司指定代理商、宁波海天精工机械有限公司签约代理商等 10 多家机床厂南京地区总代理，经营车、磨、铣、镗、钻、锻、刨、电火花等工艺所使用的各类通用设备和龙门立式加工中心、卧式镗铣加工中心、五轴加工中心等中心所需各类数控设备的销售，是包括销售、服务于一体的企业。企业拥有 500 平方米以上设备安置场地和百台以上固定库存。

(14) 大连机床（福建）4S 店。该 4S 店由大连机床授权厦门大禾机械有限公司投资建设而成，展厅面积超过 3 000 平方米，展示和销售沈阳机床全系列产品，建有备件中心库，并拥有常驻技术、维修工程师。厦门大禾机械有限公司是一家专业代理经销国内外名优机床设备的销售服务企业。公司通过实施品牌战略已发展成为福建省规模最大、品种规格最齐全的机床设备销售服务企业，形成了从成套设备选型、技术咨询、机床销售、安装调试、人员培训、维修服务、配件供应一整套完整的业务体系。

（二）银行切入点分析

<table>
<tr><td colspan="8">大连机床股份有限公司</td></tr>
<tr><td colspan="2">额度类型</td><td colspan="2">公开授信额度</td><td colspan="2">授信方式</td><td colspan="2">综合授信额度</td></tr>
<tr><td colspan="2">授信额度（万元）</td><td colspan="2">120 000</td><td colspan="2">期限（月）</td><td colspan="2">12</td></tr>
<tr><td>授信品种</td><td>币种</td><td>金额（万元）</td><td>保证金比例</td><td>期限（月）</td><td>利/费率</td><td>是否循环</td><td>串用说明</td></tr>
<tr><td>流动资金贷款</td><td>人民币</td><td>80 000</td><td>0.00</td><td>12</td><td>按银行规定执行</td><td>是</td><td>按银行规定串用</td></tr>
<tr><td>先贴后查直贴</td><td>人民币</td><td>20 000</td><td>0.00</td><td>12</td><td>按银行规定执行</td><td>是</td><td>不可串用</td></tr>
<tr><td>保兑仓回购担保</td><td>人民币</td><td>20 000</td><td>0.00</td><td>12</td><td>按银行规定执行</td><td>是</td><td>不可串用</td></tr>
<tr><td>贷款性质</td><td>新增</td><td colspan="2">本次授信敞口（万元）</td><td>120 000</td><td colspan="2">授信总敞口（万元）</td><td>120 000</td></tr>
</table>

（三）银企合作情况

大连机床股份有限公司向银行推荐了自己的主要经销商，银行为其提供了保兑仓融资，授信金额达到1亿元。

五、工业机床代理商建店融资贷款

【产品定义】

工业机床代理商建店融资是指银行对名优品牌的工业机床总代理商发放的用于建造工业机床总代理商销售店（仅限于4S店）的固定资产贷款。

【产品背景】

大型的工业机床厂商普遍重视对区域总代理商的专营4S店建设，不断整合总代理商队伍，同时大力推行品牌专营化模式，即工业机床总代理商4S店。而由于大部分工业机床代理商自身积累不足，在既要保证日常业务正常开展、完成厂家全年销售任务的同时，又要顺势而为、实现品牌专营店的建设是较为困难的。根据测算，经销商4S店的建筑面积，少则1 000多平方米，多则四五万平方米，建设流程包括土地购买、厂房建设、设备投入、人员增加等。经销商建成一家专营店，需要的资金普遍在3 000万～10 000万元。因此，在厂家的支持下，获得银行的建店融资贷款资金，是工业机床总代理商建设4S店的必经之路。

【适用客户】

工业机床总代理商、经销商建店融资的对象为在工商行政管理部门注册登记，并已取得核心客户授予销售特许经营权或允许建店证明，需要贷款建造工业机床的总代理商。融资分以下两种情况：

1. 经销商租地建店融资，即经销商通过租赁土地的方式建设4S店，银行给予建店融资支持。

2. 经销商自行购地建店融资，即经销商以已购得的土地建设4S店，银行给予经销商建店融资支持。

【基本规定】

借款人申请建店融资时，应具备下列基本条件。

1. 项目符合国家的产业、土地、环保等相关政策，并按规定履行了固定资产投资项目的合法管理程序；

2. 项目资本金（所有者权益）比例不低于建店总投资额的40%；

3. 经销商租地建店融资，经销商必须提供已取得正式产权手续的房产为抵押；

4. 经销商自行购地建店融资，经销商已经购得土地，取得了国有土地使用证等四证，项目建设期以项目购置土地及在建工程为抵押，并由经销商的控股股东提供连带责任保证，项目建成完工取得正式产权后，全部固定资产及机器设备等不动产一并办理抵押；

5. 经销商建店区域的市场需求旺盛，库存车辆周转速度较快；

6. 经销商应有两年以上销售经验，内部管理规范，并且盈利状况良好，信用评级B级（含）以上；

7. 借款申请人需要按照银行的授信要求提供相应的保证、抵（质）押等担保；

8. 具有贷款证（卡），并在银行开立基本账户或一般结算账户，信誉良好，无违约记录；

9. 同意银行对建店融资项目的资金进行监管，经营销售所产生的资金结算、代收代付等中间业务在银行办理，并接受银行对销售收入、支出款项的封闭式监管；

10. 银行要求的其他条件。

【业务流程】

（一）建店融资贷款的申请

经销商直接向银行提出建店融资的书面申请，申明建店融资的金额、币种、期限、用途、贷款方式、担保方式、还款来源及偿还能力等情况。

经销商建店融资贷款的申请需提供以下资料：

1. 一般风险授信要求提供的资料。

2. 核心厂商出具的销售店特许经营权证明或允许建店的证明。

3. 贷款用途的合规性资料，包括对建店融资金额及建店后现金流的测算。

4. 建店融资经销商自有资本金比例和到位情况的证明。

5. 提供银行对经销商4S建店投入运营后的授信方案，包括授信额度、敞口及担保方式等情况的调查报告。

6. 建店融资项目配套的供水、供电、供气和雨水、污水排放等公共设施建设，建店融资的许可证明，环评、备案及可行性研究报告。

7. 银行要求提供的其他证明文件和资料。

（1）经销商租地建店贷款的申请，还需提供以下资料：

①《土地租赁协议》，原则上协议应经过公证，且协议中双方应有明确租赁土地用于修建4S店的相关条款，以此确认4S店的合法性；

②《土地租赁协议》中要有能保证使用5~10年的条款；

③所租土地的合法性及有相关部门对建设经销店的许可证明。

（2）以经销商自行购地或其他土地作抵押还应提交：

①抵押物的合法性资料；

②保证、抵（质）押等担保的真实性、有效性。如抵押物为土地使用权，则土地出让项下应调查土地出让合同是否真实有效，土地规划红线图是否经批准，土地出让金相关支付凭证；

③合法批件的完整性。应调查项目所在地块的土地出让金是否已交清，国有土地使用证、建设用地规划许可证、建设工程规划许可证、建设工程施（开）工许可证是否齐全有效，上述批件是否为临时性质的批件。

（3）以第三方资产提供抵押的，需提供第三方有效证明（有权机构同意抵押的决议原件），以其他方式提供抵押担保的，按照银行相关规定执行。

（二）建店融资的贷前调查及抵押物审查

经销商建店融资的贷前调查，不仅要评价授信申请人第一还款来源，重点还应核实抵押物价值。以经销商自行购地抵押、原有4S店抵押或银行认可的抵押物的授信，按照《银行固定资产贷款管理暂行办法》、《银行项目融资贷款管理办法》执行。

（三）抵押物的调查和审查

1. 抵押物应合法有效，由银行指定的资产评估机构进行评估。

2. 抵押率按银行现行相关规定要求执行。

3. 土地及在建工程抵押必须办理登记手续，并确保银行为抵押物的第一抵押权人。办理抵押登记时，以土地使用权作为抵押物的，必须在抵押合同中注明抵押物包括土地和抵押合同签字生效后土地上的覆盖物；以在建工程作为抵押物的，必须在抵押合同中明确抵押物的范围或部位，其占用范围内的土地使用权一并抵押；以土地使用权或在建工程抵押的，当开发项目竣工验收、符合商品房现房抵押的，必须将土地使用权抵押或在建工程抵押转为商品房现房抵押。

4. 现场调查抵押物的坐落位置，保证抵押物权属清晰，无争议；抵押物没有其他抵押权或质权设立优先；核实抵押物是否在城市拆迁规划范围内，如在拆迁规划范围内，不得抵押。

5. 以土地使用权抵押的，应提供县级以上土地管理部门核发的国有土地使用证，审查国有土地使用证是否在土地使用期限内，且剩余年限不低于银行建店融资年限，未设定抵押、证内注明用途与实际用途一致；以房产抵押的，应审查房屋所有权证、国有土地使用证是否在房产使用期限内，未设定抵押，银行是否为第一受益人。

6. 抵押物的价格波动幅度、变现能力。

7. 调查是否将抵押人所有的、在土地和房屋管理部门登记的国有土地使用权和地上房屋同时进行抵押，不得分立抵押。

8. 建筑工程监理落实情况。应调查工程监理单位是否具有与该工程对应要求的资质等级，在其资质等级许可的监理范围内承担工程监理业务；调查监理单位的业绩、信誉；调查委托监理协议内容是否完善，建设资金使用是否纳入监理范围。

银行不接受下列土地使用权抵押：

1. 划拨土地使用权、集体所有的土地使用权。

2. 所有权、使用权不明或有争议的土地使用权，违章建筑及已列入拆迁范围的房屋、设施。

3. 军事设施；学校、幼儿园、医院等以公益为目的的事业单位、社会团体教育设施用地、医疗卫生设施用地和其他社会公益设施用地使用权。

4. 依法被扣押、监管的土地使用权；国有土地使用权已抵押登记的地上房屋所有权，地上房屋所有权已经抵押登记的国有土地使用权作为抵押物。

5.《闲置土地处置办法》规定的闲置土地使用权；以出让方式取得土地使用权，满两年未动工开发，可以无偿收回的土地使用权。

6. 法律、行政法规规定不得抵押的其他类型土地使用权。

7. 已经抵押给其他债权人的土地使用权；未按土地出让合同约定支付全部土地使用权出让金，并取得土地使用权证书的。

8. 房地产开发公司拥有的以商品房开发为用途的土地使用权等。

9. 银行不接受空置3年以上的商品房作为贷款的抵押物。

（四）其他抵押物的评估

1. 抵押物自建成交付使用之日起，至借款人提出贷款申请之日止，未满一年的，买卖合同价可以视为抵押物价值，无须另行评估。但须满足：抵押物自非关联方买入，且抵押物自建成交付使用之日起不满一年；当地有较多同类财产交易记录，经办单位调查并确认，该抵押物的买卖合同价格符合近期市场行情，不存在虚高情况。

2. 交付使用超过一年的，则必须由银行认可的专业评估机构进行评估、确认。

（五）贷款效益性的调查

1. 从建店融资项目所处地段、品牌的特定店面设计要求、质量设计标准、周边环境等方面，与同类项目的销售相比，预测市场前景；

2. 对后期经销商销售中给银行存款、中间业务等带来的综合效益；

3. 调查其以往销售情况，预测建店后的销售日期及销售收入，分析市场风险。

【申请品种及额度】

1. 经销商建店融资的期限根据经销商建店时间和销售还款的进度决定，原则上最长不超过四年（含四年）。

2. 经销商建店融资利率按银行固定资产贷款的规定执行。

3. 经销商建店融资的还款方式，原则上采用按年等额还本方式。合同签订后，未经银行同意，不得更改。

【授信方式】

工业机床总代理商建店融资业务拟采用双额度模式。首先银行为机床厂商核定5亿元建店贷款的担保额度，由机床厂商向银行提供经审核的经销商名单和额度分配表。然后各协办行逐笔为经销商核定建店融资额度，向经销商发放不超过5年期的建设资金贷款。每笔贷款发放前由机床厂商出具承诺函，如经销商不能按时履约，则由机床厂商见银行回购函后无条件代偿。

【担保方式】

机床厂商在银行申请担保额度为信用担保，经销商使用授信时将其建店购买的土地、地面建筑（含在建工程）、经销商主要管理人员的股权等全部向机床厂商提供反担保，同时经销商法人代表向机床厂商提供个人无限责任保证担保。经销商抵押给机床厂商的资产，银行需逐笔进行第二顺位抵押，同时，机床厂商和经销商需向银行提交承诺函，机床厂商承诺，经销商不能按期履约，如涉及处置经销商资产时，机床厂商自动放弃第一顺位抵押权，由银行作为第一债权人。经销商承诺，在抵押物抵押给机床厂商及银行之后，不得再进行其他任何债权抵押。同时，机床厂商按照该项目贷款余额的5%存入回购保证金。

【提款及还款方式】

授信具体额度由经销商领用，资金用途为4S店建设资金需求，经销商一次性提款或按照建设进度提款，银行按照《固定资产贷款管理办法》的相关规定，采取受托支付或自主支付的方式对贷款资金进行监管，同时，经销商在银行开立的账户均为机床厂商的共管账户，因此经销商的大部分销售款项均处于银行和机床厂商的监管范围内，经销商用销售收入归还银行贷款本息，还款期限为一年一还。

【风险控制】

1. 经销商建店融资应根据建店项目资金来源、用款计划，合理确定贷款额度。贷款金额不超过建店总投资额的60%，并测算在贷款期内，4S店经营所产生的稳定的经营性净现金流，保证能够按期归还贷款本息，两种计算方法以孰低为原则。同时，对建店融资项目投资总额各科目应根据工业机床平均建店标准进行严格对比审核，防止虚增投资总额。

2. 经销商建店融资仅限于经销商建造工业机床销售店（4S店）使用，不得用于国家明令禁止的投资领域和用途，不得用于偿还银行存量不良贷款或违规贷款，不得用于偿还股东借款。

3. 申请建店融资贷款申请人项目资本金（所有者权益）比例不低于总投

资的40%，且资本金应通过银行账户监督支付，全部使用完毕后方可启用银行贷款。

4. 经销商建店融资为封闭贷款的运行模式，贷款发放、项目建设以及建店营业后经销商销售的整个环节中资金需在银行封闭运行，接受银行对经营销售所产生的资金结算、代收代付等中间业务款项的封闭式监管。

5. 经销商建店融资封闭贷款，经销商基本账户、结算账户等限定在银行开立。贷款发放前借款人必须与银行签订《借款合同》和《财务监管协议》。如由于特殊情况，需要对协议进行修改，必须由有权法律部门审核并出具法律意见书。

6.《财务监管协议》要求经销商在银行开立支出监管账户、收入监管账户及结算账户。支出监管账户用于核算贷款资金，收入监管账户用于核算借款人投入的自有资金和项目回笼资金。支出监管账户和收入监管账户需预留经办支行印鉴，确保项目资金封闭运作。各项目的银企合作协议、财务监管协议原件应按照银行档案管理办法规定，纳入三类档案管理，由银行负责保管。财务监管的期限自发生贷款之日起至经销商还清贷款本息时止。

7. 批复记载在建工程在具备条件后办理抵押的，在建工程具备抵押条件后必须及时办理抵押手续。

8. 抵押、保险和公证。

在放款前，经营单位客户经理应办妥抵押财产的保险、抵押登记等有效手续，费用由借款人承担。为降低客户财务成本，经营单位可以采取最高额抵押方式，以固定抵押物对授信期内连续发生的债权作抵押。

经营单位应要求借款人到银行认可的保险公司购买财产保险，保险金额可按照贷款金额或抵押物评估价值购买，银行为保险第一受益人（或被保险人），投保期限应大于贷款期限，保险单正本、保险期内缴费发票（复印件）由贷款人保管。在债务债权关系存续期间，借款人不得以任何理由中断或撤销保险。

根据每笔贷款的情况和当地具体情况，银行原则上应要求借款人、保证人与经营单位到公证机关，就贷款合同等债务债权文书办理强制执行公证；经营单位认为必要的，可要求借款人的有关证明资料进行必要的公证，公证费由借款人承担。

9. 审核用款需求时，主要依据经销商提供的用于该项目的相关建设费用支出的合同，不得将其挪用至借款人建造的其他项目或作为往来款暂借给其他公司，一经发现立即停止发放对该经销商的所有贷款，并有权要求经销商提前还款。经销商不予归还的，银行有权要求处置抵押物或要求保证人履行连带保证责任。

【贷后检查和收回】

1. 贷款发放后，客户经理应定期到建店施工现场了解项目进展情况，参与有关经销商经营的重大会议，适时掌握项目最新动态，了解项目可能面对的风险，并在发生风险预警时及时拟定控制风险的具体措施，依照银行风险预警管理办法要求报送风险预警委员会审议。

2. 对于用其他土地使用权作为抵押物的经销商建店融资项目，客户经理应每月了解抵押物的项目进展情况，防止土地因满两年未动工开发被相关部门按闲置土地处置，无偿收回土地使用权。

【营销建议】

根据市场变化，银行和借款人均有权提出重新评估抵押物的要求，相关费用由借款人负担。如重新评定价值超过原价值，经银行审查审批后，可增加授信额度；如重新评定价值低于原价值，则银行有权要求借款人提供新的抵押物或者压缩授信金额。

六、乳制品保兑仓

【产品定义】

三方保兑仓：包括乳制品厂商、经销商、融资银行，通常向银行提供乳制品厂商退款承诺、回购担保承诺的保证措施，即银行承兑汇票到期前，如果经销商没有存入足额的保证金（即经销商没有从乳制品厂商提走全部货物），乳制品厂商负责退还银行承兑汇票票面金额与经销商提取的全部货物金额之间的差额款项，又称直客式保兑仓。

【行业概况】

国内的乳制品行业都是采取经销商模式，在各地设立较多的经销商，吸引经销商加盟。乳制品尤其是液态奶销售渠道，被一些经营规模较大的特大型代理商所控制，这类代理商资金量较大，和厂商关系密切，非常适合办理保兑仓。

对于一些稍微弱势的代理商，也可以采取联保模式，同时引入物流公司监管商品方式进行融资。

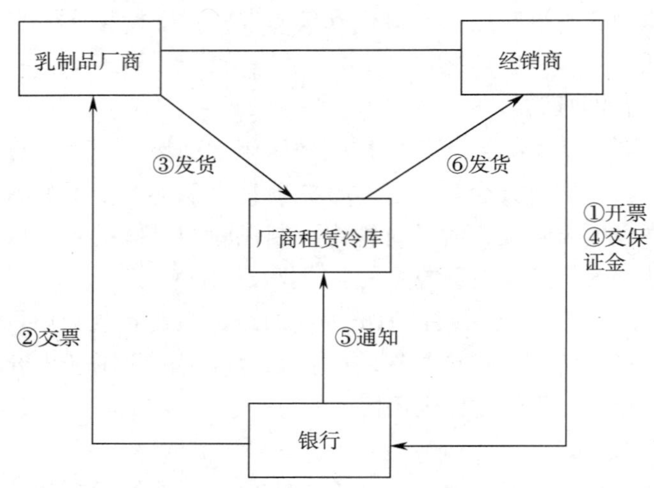

【适用客户】

内蒙古蒙牛乳业（集团）股份有限公司

内蒙古蒙牛乳业（集团）股份有限公司总部设在中国乳都核心区——内蒙古和林格尔经济开发区，拥有总资产100多亿元，职工近3万人，乳制品年生产能力达600万吨。到目前为止，包括和林基地在内，蒙牛乳业集团已经在全国16个省区市建立生产基地20多个，拥有液态奶、酸奶、冰激凌、奶品、奶酪五大系列400多个品项，产品以其优良的品质覆盖国内市场，并出口到美国、加拿大、蒙古、东南亚及港澳等多个国家和地区。

内蒙古伊利实业集团股份有限公司

内蒙古伊利实业集团股份有限公司是目前中国规模最大、产品线最全的乳业领军者，也是唯一一家同时符合奥运及世博标准、先后为奥运会及世博会提供乳制品的中国企业。伊利集团由液态奶、冷饮、奶粉、酸奶和原奶五大事业部组成，全国所属分公司及子公司130多个，旗下拥有雪糕、冰激凌、奶粉、奶茶粉、无菌奶、酸奶、奶酪等1 000多个产品品种。伊利集团的品牌价值逼近300亿元。

完达山乳业股份有限公司

完达山乳业股份有限公司是北大荒集团控股公司（其中北大荒集团、台湾统一集团各持66%和34%股份)，现拥有资产总额16.7亿元，下辖40家分、子公司，员工13 800名。完达山引进世界最先进的生产设备和技术，装备了65条现代化生产线，年加工鲜奶能力100万吨，可生产奶粉、液态奶、饮料、豆制品、米麦制品及保健食品等6大系列近200余个品种，销售网络遍及全国，产品远销东南亚和非洲。

光明乳业股份有限公司

光明乳业股份有限公司是由国资、外资、民营资本组成的产权多元化的股份制上市公司，主要从事乳和乳制品、营养保健食品的开发、生产和销售，奶牛和公牛的饲养、培育，物流配送。公司拥有世界一流的乳品研发中心、乳品加工设备以及先进的乳品加工工艺，生产消毒奶、保鲜奶、酸奶、超高温灭菌奶、奶粉、黄油干酪、果汁饮料等系列产品，是目前国内最大规模的乳制品生产、销售企业之一。

北京三元食品股份有限公司

北京三元食品股份有限公司是以奶业为主，兼营麦当劳快餐的中外合资股份制企业，其前身是北京市牛奶总站，后更名为北京市牛奶公司，改制成为北京三元食品股份有限公司后在上海证券交易所成功上市，公司总股本88 500万股。同时，北京麦当劳食品有限公司和广东三元麦当劳食品有限公司的中方权益是三元食品的一个重要组成部分，公司拥有北京麦当劳50%的股份，间接拥有广东麦当劳25%的股份。

三元食品产品涵盖屋型包装鲜奶系列、超高温灭菌奶系列、酸奶系列、袋装鲜奶系列、奶粉系列、干酪系列及各种乳饮料、冷食、宫廷乳制品等百余品种，日处理鲜奶达1 000余吨，在内蒙古海拉尔市、河北迁安、河北石家庄、天津静海、广西柳州等建立了十六大生产基地，拥有“三元”、“燕山”等著名商标；销售网络覆盖北京各城区、郊县及全国50多个省市及地区。

【营销建议】

本案例提供乳制品行业的保兑仓，矿泉水、其他饮料都是同样模式，采取经销商模式，都可以按照这种思路营销。国内的矿泉水（如娃哈哈、农夫山泉)、其他饮料（大亨果茶、汇源果汁）等的销售模式大同小异。

【信贷管理】

由于生产厂商控制着经销商的返点，这部分金额可观，所以厂商的风险较小。银行应当首先对生产厂商核定退款额度，然后给经销商核定银行承兑汇票额度。

【案例】　内蒙古蒙牛乳业（集团）股份有限公司保兑仓

（一）企业基本情况

内蒙古蒙牛乳业（集团）股份有限公司（简称蒙牛乳业集团）拥有总资产100多亿元，职工近3万人，乳制品年生产能力达600万吨。到目前为止，包括和林基地在内，蒙牛乳业集团已经在全国16个省区市建立生产基地20多个，拥有液态奶、酸奶、冰激凌、奶品、奶酪五大系列400多个品项，产品以其优良的品质覆盖国内市场，并出口到美国、加拿大、蒙古、东南亚及港澳等多个国家和地区。

深圳市乌日娜贸易有限公司成立于1996年6月，为法人企业，注册资本1 000万元人民币，位于深圳市福田区繁华地段。主要经营蒙牛牌系列产品，市场覆盖广东省的深圳、东莞、惠河汕区域。经过近6年的努力，公司年销售额达4亿元人民币，现有员工达1 000余人。

（二）银行切入点分析

内蒙古蒙牛乳业（集团）股份有限公司实力较强，通过常规的手段很难营销。蒙牛经营模式：销售，各地设立区域总代理商；采购，包装从利乐购买，牛奶从奶农购买。公司的采购属于典型的“公司+农户”模式。

考虑到内蒙古蒙牛乳业（集团）股份有限公司非常关注销售，银行决定从两端入手，对经销商提供保兑仓授信；对供应商提供1+N保理授信。

银行决定对深圳市乌日娜贸易有限公司提供银行承兑汇票，由内蒙古蒙牛乳业（集团）股份有限公司提供退款承诺。

（三）银企合作情况

银行给内蒙古蒙牛乳业（集团）股份有限公司提供授信额度5亿元，2亿元保理付款担保额度，用于给上游的奶农提供“订单融资+保理融资”，1亿元商业承兑汇票保押业务，用于向包装用品供应商付款，2亿元保兑仓回购担保额度，用于给经销商的融资提供担保。

七、酒企保兑仓

【产品定义】

三方保兑仓：包括制酒厂商、经销商、融资银行，通常向银行提供制酒厂商退款承诺、回购担保承诺的保证措施，即银行承兑汇票到期前，如果经销商没有存入足额的保证金（即经销商没有从核心厂商提走全部货物），制酒厂商负责退还银行承兑汇票票面金额与经销商提取的全部货物金额之间的差额款项。

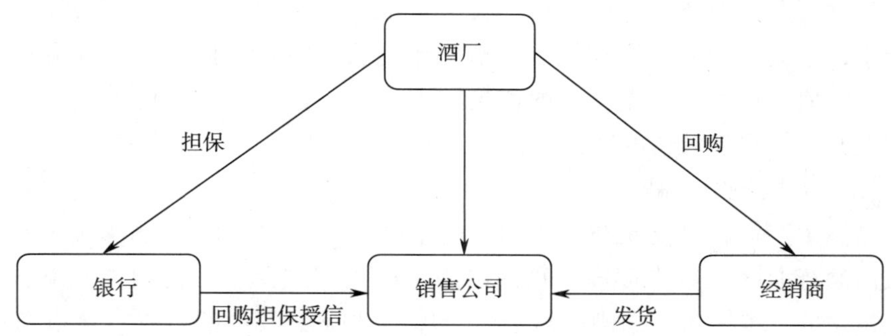

酒行业属于典型的经销商销售行业，生产厂商一般都会在各地大量招商，通过经销商向市场走货，非常适合银行营销保兑仓网络。白酒企业一般都是产销分离，生产企业专职负责生产，而销售公司负责白酒的销售。销售公司注册资本较小，实力较弱。而生产企业注册资本较大，固定资产较大，实力较强。一般银行对销售公司核定回购担保授信额度，由生产企业对销售公司的回购担保额度提供连带责任担保。

【行业概况】

白酒行业是我国传统优势行业，依赖独特的生产工艺，具有悠久的历史，是世界著名的六大蒸馏酒产地之一（其余五种是白兰地、威士忌、朗姆酒、伏特加和金酒）。

1. 白酒的分类

按香型划分：

白酒按香型主要可分为酱香型白酒（以茅台酒为代表）、清香型白酒（以山西汾酒为代表）、浓香型白酒（以泸州老窖特曲及五粮液为代表）、米香型白酒（以桂林象山牌三花酒为代表）、凤香型白酒（以西凤酒为代表）、兼香型白酒（以白云边和中国玉泉酒为代表）六大类。

2. 运行状况

我国白酒产量前 5 个省（市、区）是四川、山东、河南、辽宁、江苏，占全国白酒总产量的 59. 7%，其中四川省占比为 25. 8%，占全国白酒产量的四分之一强。

3. 行业特征

（1）受宏观经济波动影响较小，属于弱周期性行业

白酒行业为消费类行业，与社会消费水平密切相关，受宏观经济波动影响较小，不具有明显的周期性。目前由于消费升级以及商务、政务消费，市场需求旺盛，特别是高端白酒的市场需求量较大，白酒行业的景气度出现了快速上升，将出现较快的增长。

（2）区域集中度高

白酒生产依赖特定的地理环境，不同气候条件对白酒的品质影响较大，导致白酒行业区域集中度高。我国白酒生产大省主要集中在四川、山东、河南、辽宁、江苏五省，白酒产量约占全国的 60%，其中四川省占全国白酒产量的四分之一。

从消费区域来看，饮用白酒属于我国人民几千年来形成的消费习惯，全国各个区域都对白酒有较大的需求，特别是北方地区，消费量更大。

（3）形成了清晰的高、中、低端市场

①高端市场

高端白酒市场准入门槛高，基本形成了少数一线品牌垄断的市场格局，且由于历史沉淀、特定地理环境以及独特工艺等因素，短期内很少有其他品牌能打破该市场格局。由于高端白酒产量较低，高端白酒生产厂商具有较强的定价权，处于市场垄断地位，如茅台、五粮液。

白酒行业的利润也主要集中在高端白酒领域，高端白酒对粮食等原材料涨价的敏感度较低。

②中端市场

中端白酒市场以区域性二线品牌以及一线核心厂商推出的中端产品为主，价格定位较适合大多数消费者，中端白酒属于市场主流，市场容量较大，占

有率高。

③低端市场

低端白酒主要指中小型白酒生产企业生产的瓶装酒，或一二线核心厂商生产的低端产品，销售对象主要是城镇中低收入阶层和农村居民，产品定价低，以薄利多销为主，对粮食等原材料涨价敏感度较高。

（4）白酒行业实行生产与销售主体分离的模式

我国对白酒实行的从价消费税是在生产环节征收，白酒生产企业出于避税考虑，基本采取生产与销售主体分离的模式，生产企业以较低的价格先将产品整体销售给其控制的销售公司，由销售公司再批发给经销商。因此，这种模式也就导致白酒主要利润体现在销售公司，而不是生产企业。

（5）行业整体毛利率较高

白酒行业的平均毛利率在40%～50%，高端产品可达70%～80%，其中茅台的毛利率高达90%，一线核心厂商目前已基本完成了品牌建设以及渠道建设，净利润率较高；二线核心厂商目前致力于打造高端产品市场，在广告、渠道建设等方面投入较大，对整体利率水平有一定影响；三线及以下低端白酒市场竞争相对较激烈，毛利率相对较低。

【适用客户】

从市场参与主体来看，白酒生产企业为终端产品制造商，其上游主要包括粮食供应商、包装物提供商、物流运输商等；下游主要包括白酒经销商、代理商等，通过超市、商场、专卖店等途径销售给最终消费者。

1. 白酒生产企业细分

按白酒生产企业的品牌实力、资产规模细分，可将白酒生产企业分为一线品牌生产企业、二线品牌生产企业、三线及以下中小生产企业三类。

（1）一线品牌生产企业

一线品牌指经过长期的历史文化沉淀，具备较高的历史文化底蕴，属于全国性知名品牌及中华老字号，产品销售面向全国，市场认知度高，产品以高端市场为主，且由于独特的地域、自然条件优势，使其产品在市场中处于垄断地位。

代表企业：一线品牌代表企业为贵州茅台（贵州仁怀）、五粮液（四川宜宾）。

融资需求：随着消费升级的深入，高端产品的市场需求大幅增长，市场供不应求，一线品牌生产企业处于卖方市场，一般采取预收款方式，企业现金流充沛，向银行的融资需求较少或基本无融资需求。如茅台资产负债率仅为22%，五粮液为29%。

（2）二线品牌生产企业

产品具有一定的品牌认知度，在区域市场（省内或周边几个省内）认知度及占有率较高，产品定位以中端市场为主，高端产品占比相对较小。

代表企业：

①四川：泸州老窖（泸州）、剑南春（绵竹）、水井坊（成都）、郎酒集团（泸州）、丰谷酒业（绵阳）、沱牌曲酒（遂宁）。

②安徽：古井贡酒（亳州）、金种子酒（阜阳）。

③陕西：西凤酒（宝鸡）。

④山西：汾酒集团（汾阳）。

⑤湖北：白云边（松滋）、稻花香（宜昌）。

⑥新疆：伊力特（伊犁）。

⑦江苏：洋河酒厂（宿迁）。

⑧河北：衡水老白干（衡水）。

⑨北京：首都酒业（红星二锅头）、顺鑫农业（牛栏山二锅头）。

⑩湖南：浏阳河。

融资需求：随着茅台、五粮液等高端白酒销售价格的快速增长，为二线核心厂商提供了很大的市场空间，二线核心厂商存在扩大规模、增加销售、打造高端产品的冲动。此类企业在固定资产购置、厂房建设、原材料采购、营销网络建设、品牌宣传等方面的投入将会增加，存在一定的融资需求。

（3）三线及以下中小生产企业

三线及以下中小生产企业的瓶装酒以低端产品为主，企业数量较多，市场竞争相对较激烈，产品主要面向广大农村市场，销售价格较便宜，对粮食涨价的敏感度较高。另外，此类中小生产企业中有一大部分企业主要做贴牌生产或原酒生产，主要业务为生产向大型核心厂商提供的原酒，或为其他地区的区域性品牌进行贴牌生产。如四川的宜宾、泸州、邛崃等地的大多数中小白酒生产企业自身基本不进行品牌建设投入，主要以生产原酒为主。

由于白酒生产对粮食的消耗极大，且涉及食品安全，国家对白酒生产实行严格的许可准入，按照原国家经贸委第14号令《工商投资领域制止重复建设目录（第一批）》的规定，1999年9月1日以后注册登记的白酒企业，不予受理生产许可证的申请。因此，白酒生产企业的数量将受到很大控制，严格的政策准入提高了白酒生产企业的准入门槛，白酒生产企业资格也成为稀缺资源。

融资需求：一二线品牌白酒生产企业以及部分区域品牌白酒生产企业由于市场销量的快速增长，存在较大的规模扩张冲动，而自身的原酒生产能力在短期内很难得到很大提升，一二线核心厂商为解决其原酒短缺，向品质较好的中小白酒企业购买原酒的需求较大。

2. 白酒经销企业细分

在产销分离的模式下，一二线品牌白酒生产企业采取直销模式的较少，基本采取经营商、代理商销售模式；三线及以下中小生产企业的市场半径较小，一般不采取经营商、代理商销售模式。

（1）一线核心厂商的经销商

一线核心厂商对经销商准入控制较严格，经销商准入门槛较高，实力也较强，销售周转速度快，但由于高端酒产量较低，经销商的购货量往往会受到较大限制。

融资需求：经销商需提前向生产企业预付全部采购款，采购资金占用较多，且在高端白酒价格快速上涨的情况下，经销企业为回避涨价风险，存在增加库存量、囤积商品的冲动，产生一定的融资需求。

（2）二线核心厂商的经销商

二线核心厂商的经销企业购货量一般不会受到很大限制，但产品周转速度相对一线品牌经销商较慢，产品受消费淡旺季的影响较明显，如春节期间消费量会出现大幅增长。

融资需求：二线品牌经销企业一般也需向生产企业预付全部或大部分采购款，融资需求相对较大，特别是在高端白酒大幅涨价后，中端市场空间进一步扩大，增加了融资需求量。

3. 供应商细分

白酒生产企业的供应商主要包括粮食供应商、包装物提供商。从实际情况来看，粮食供应商相对比较分散，部分属于挂靠在粮油公司的个体工商户，且粮食供应商的稳定性相对较差；包装物一般占白酒直接成本的20%～40%，包装物供应商相对比较稳定。

【营销建议】

（一）银行在白酒行业营销

一二线白酒生产企业自身现金流充沛，资产负债率低，向银行融资需求较少，对银行信贷资金的依赖度也较低，银行议价能力不强，较难通过单纯的贷款支持而全面介入。如果没有供应链融资，银行很难介入处于行业主流地位的一二线生产企业及其经销商。一线白酒企业的经销商非常缺钱，可以营销未来货权质押融资。

（二）白酒行业整体营销思路

1. 依托核心企业建立上下游金融服务网络

银行将一二线品牌白酒生产企业作为核心企业，利用此类企业在扩大生产规模、渠道品牌建设中产生的融资需求，积极介入，及时建立授信合作关系，并以此为契机，以保兑仓、货权质押、1 + N 保理融资、国内信用证等方式，围绕其上下游开展营销，建立上游原料、包装物供应商以及下游经销商的金融服务网络。

2. 依托风险缓释措施建立中小企业融资模式

三线及以下中小白酒生产企业，银行可以在授信风险得到有效缓释的基础上，采取原酒质押、联保、担保公司提供担保等方式，开展中小企业授信。

（三）整体解决方案

1. 围绕核心企业上下游的整体解决方案

对于核心企业的上下游客户，可通过保理融资、保兑仓、货权质押等模式，建立上下游金融服务网络。

方案一：依托白酒核心企业 1 + N 保理融资

A. 方案概述

1 + N 保理主要解决白酒生产企业对上游原料供应商（包括包装物供应商、原酒供应商等）的保理融资。由于白酒生产企业在产业链中处于主导地位，其采购商品一般以赊销为主，银行可针对上游供应商对白酒生产企业赊销中产生的应收账款进行保理授信。应收账款期满后，白酒生产企业直接将货款支付给银行，用于归还保理融资。

此方案中白酒生产企业为 1，而上游的原料供应商为 N，以白酒生产企业为核心，沿着核心企业的供应链进行延伸。

B. 1 + N 保理的优势

1 + N 保理的主要优势在于供应商依托核心企业，可以有效解决供应商的融资问题，使核心企业对供应商的议价能力进一步增强，可有效控制原材料成本。

C. 目标客户

核心企业：一二线品牌生产企业。

上游企业：为核心企业提供粮食、原酒、包装物等原料的上游供应商，上游供应商以核心企业推荐为主，银行可根据方案具体的风险状况，制定上游供应商准入标准。

D. 主要风险控制措施

①保理项下核心企业支付的货款直接划入银行监管账户，专项用于归还保理贷款；

②贸易背景真实，保理项下的应收账款真实有效；

③严格按照银行保理业务管理办法的相关规定执行。

方案二：依托白酒企业回购或退款责任保证的三方保兑仓模式

A. 方案概述

在核心企业可提供回购担保或退款责任保证的前提下，银行可采取保兑仓模式，向核心企业经销商授信，授信专项用于向核心企业采购瓶装酒。该模式为对核心企业下游经销商的解决方案。方案的优势及核心点在于核心企业承担回购担保或退款责任担保，如经销商到期不能按时归还贷款或补足银行承兑汇票保证金，核心企业在收到银行回购通知书后，需立即进行回购，使银行的授信风险得到有效缓释。保兑仓模式操作相对比较简单，比较适合白酒行业的销售模式，客户的接受程度相对较高，应作为银行现阶段的主要推进模式。

针对具体核心企业的综合实力等因素，在实际操作中可根据客户需求、核心企业的风险承受能力等，按银行是否对保兑仓项下发货进行控制而采取以下两种方式，核心企业可根据经销商情况进行选择。

一是标准保兑仓。银行为保兑仓项下经销商提供授信后，根据经销商保证金补足情况或贷款归还情况，向核心企业发出发货通知书，核心企业根据银行指令向经销商发货。

如银行承兑汇票或贷款到期前，经销商未补足保证金或贷款未全额还清，核心企业须就差额部分向银行退款。在严格执行相关操作规程的前提下，由于银行根据保证金补足情况以及贷款归还情况向核心企业出具发货指令，即使经销商到期未全额还款，银行与核心企业也不会出现损失。

二是非标准保兑仓。非标准保兑仓主要指银行为经销商提供授信后，核心企业不需根据银行的发货通知书发货，发货由核心企业根据其与经销商的购销合同进行控制，发货后需向银行出具退款/回购承诺函及发货清单。

如银行承兑汇票或贷款到期前，经销商未补足保证金或贷款未全额还清，无论核心企业是否已发货，核心企业在收到银行的退款/回购通知书后，都须承担无条件回购担保责任。非标准保兑仓实际操作流程相对比较简单，经销商违约风险由核心企业承担，有效缓释了银行的授信风险。

B. 保兑仓业务的优势

对核心企业而言：

①有利于扩大核心企业销售规模及经销商网络建设

目前白酒生产企业，特别是二线品牌的白酒生产企业有较大的产能扩张冲动，而保兑仓业务是基于经销商体系的批量融资，有效解决了经销商的融资问题，增强了经销商的资金实力，经销商会加大对当地市场的拓展力度，采购量将会出现大幅增长。

经销商采购量的增加扩大了企业的销售规模，特别是对需要拓展新区域市场的核心企业更具吸引力，因为保兑仓业务有效解决了新经销商的融资难问题，有利于核心企业在新区域快速发展经销商，建立良好的经销商网络。

②有利于加速核心企业的资金周转，降低财务成本，改善财务报表

银行对经销商发放的授信，对核心企业来说属于预收款，且以前经销商由于资金限制，以多次、小批量采购为主，而开展保兑仓业务后，经销商可将半年或一年的采购量整合到一个购销合同中，分批提货，核心企业可将经销商较长期限的采购预收款一次性收取，增强了核心企业的资金实力，加速了核心企业的资金周转速度，同时也降低财务成本。

③提高核心企业销售网络的凝聚力和控制力

大的经销商为丰富产品，往往同时代理好几个白酒品牌，而开展保兑仓业务后，核心企业对经销商的控制力及协调能力将进一步增强，经销商网络凝聚力及控制力的增强，将有利于核心企业新产品系列的市场推广。

对经销商而言：

①有效解决经销商抵质押物不足而产生的融资难问题

经销商由于缺乏抵质押物，向银行融资较难，即使部分银行给予授信，

融资成本也较高，导致经销商的市场拓展受到资金瓶颈限制。而保兑仓业务依赖核心企业，有效解决经销商由于抵质押物不足而产生融资难的瓶颈，使经销商可以集中资源，大力开拓区域市场。

②锁定白酒涨价风险

粮食等原材料的涨价也会进一步推动白酒行业价格的整体提升。而采取保兑仓的业务模式，经销商通过批量采购，可以锁定半年或一年内的涨价风险，相对于融资成本来说，锁定涨价风险远远大于经销商支付的融资成本。

C. 目标客户

核心企业：能提供回购或退款责任保证的一二线品牌生产企业，在产销分离的模式下，营销重点及切入点为一二线品牌生产企业所控制的销售公司，销售公司出于扩大销售规模的考虑，对保兑仓业务的接受程度更高，也更感兴趣。

经销商：经销商由核心企业推荐，并由核心厂商提出相应的授信额度建议。前期重点营销与核心企业合作时间较长、年采购额大的经销商。

D. 授信产品

银行承兑汇票或流动资金贷款，其中银行承兑汇票保证金原则上不得低于30%。

E. 保兑仓额度管理方式

根据核心企业的综合实力以及风险承受能力，实际操作中可选择单一额度以及双额度两种额度管理方式。

F. 主要风险控制措施

①银行承兑汇票以核心企业为收款人，银行承兑汇票由银行直接传递或交付给核心企业，并由核心企业出具票据收妥确认函。

②流动资金贷款发放后，由银行直接受托支付至核心企业在银行开立的结算账户，在防范贷款资金挪用风险的同时，还可增加银行的存款沉淀。

③针对不同核心企业的综合实力、风险承受能力，采取差异化的风险缓释措施，对核心企业的最终回购能力进行有效保障。

④加强重点操作流程管理，严格执行银行保兑仓业务的相关管理规定，防范操作风险演变为信用风险。

方案三：瓶装酒货权质押模式

A. 方案概述

保兑仓业务主要基于核心企业的回购或退款责任担保，但对于处于强势地位的知名核心厂商，如茅台、五粮液等，由于其产品供不应求，价格也在不断上涨，处于卖方市场，核心企业不愿意为经销商提供回购担保。但经销商处于防范涨价风险考虑，增加库存量冲动较大，存在着较强的融资需求。

在此情况下，可采取由生产企业（含生产企业控制的销售公司、物流公司）或第三方外部监管机构提供货物监管方式，开展现货或未来货权质押，以经销商采购的瓶装酒货权进行质押。

瓶装酒货权质押按监管方的不同，可分为两种情况。

第一种：由生产企业（含生产企业控制的销售公司、物流配送公司）作为货押业务的监管方。由于生产企业处于强势地位，不愿意直接为经销商融资提供回购担保，但如由生产企业或生产企业控制的销售公司、物流配送公司等作为货押业务监管方，经销商向监管方支付仓储费及监管费，可以调动生产企业（含生产企业控制的销售公司、物流配送公司）的积极性，便于货押业务的推进以及经销商网络建设。优势在于：

①生产企业（含生产企业控制的销售公司、物流配送公司）承担了货物的监管责任，相当于提供了隐性的担保责任，有利于风险控制。

②白酒不同于钢材、煤炭等具有一定行业统一标准的商品，其价格主要取决于品牌的价值，这也导致高档白酒造假成本低。如由生产企业（含生产企业控制的销售公司、物流配送公司）提供监管，货物从包装好后直接存放于生产企业的仓库，发货前货物一直在核心企业体系中流通，没有经过中间的其他流通环节，则可有效地防范假酒风险。

第二种：第三方外部监管机构进行监管。在生产企业或生产企业控制销售公司、物流配送公司不提供监管的情况下，可采取由实力强、诚信度高的第三方外部监管机构进行监管开展货押业务，且瓶装酒具有较强防伪技术。

此种模式较适合货物周转速度快、采购量大的一二线品牌区域总代理等大型经销商。

B. 目标客户

核心企业：茅台、五粮液等一线核心厂商，或二线品牌生产企业中品牌知名度高，市场占有率高，综合实力强，处于卖方市场，不提供回购担保的优质企业。

营销重点及切入点为核心企业的销售公司、物流配送公司等。但在营销中应充分了解销售公司或物流配送公司在整个白酒集团中的地位以及与集团的紧密度、股权关系等相关情况。

经销商：银行根据核心企业推荐，对经销商制定相关的准入标准。

C. 授信产品

银行承兑汇票或流动资金贷款，其中银行承兑汇票保证金原则上不得低于30%。

D. 主要风险控制措施

①银行承兑汇票以核心企业为收款人，流动资金贷款直接支付给核心企业。

②质押物为核心企业产品系列中的中高端产品，以往市场销量大，具有较好的市场认知度。

③严格执行银行货押业务管理办法，以质押物的出厂价计算质押率，并针对不同的质押物设置不同的质押率。

上述三种方案，均是以核心企业为原点、围绕核心企业上下游的整体营销方案，方案一是针对核心企业的上游，方案二与方案三是针对核心企业的下游，方案二或方案三与方案一的有效组合，形成了银行围绕白酒核心生产企业的金融链服务方案。

2. 中小白酒企业融资模式

近几年白酒销量出现快速增长，特别是一二线品牌白酒增长幅度更大，导致一二线品牌白酒生产企业在原酒生产上出现较大不足，为满足其原酒需求，此类企业大量向中小原酒生产企业购买原酒，导致原酒价格出现了较快增长，中小白酒生产企业以前储存的原酒也得到很大升值，加之国家对白酒生产许可证的严格控制以及地方政府的大力支持，使中小白酒生产企业的生存环境得到了极大改善，盈利能力及持续经营能力得到很大提升。

从融资需求来看，由于原酒生产出来以后，并不能马上向市场销售，而是要封罐储存一段时间，且储存时间越长，其市场价格越高。价格预期的走高导致中小白酒生产企业大量囤积原酒，扩大产能。这些因素导致中小白酒生产企业存在较大的融资需求。

方案一：原酒现货质押模式

A. 方案描述

中小白酒生产企业由于淡旺季或增加原酒储备等原因，对于尚未实现销售的原酒，以该原酒作为质押标的，向银行申请授信，用于采购原材料等短期流动资金需求。

B. 目标客户

拥有白酒生产许可证，从事原酒生产 3 年以上，信用评级在 B 级（含）以上，年销售额在 3 000 万元以上，以往销售状况较好。

C. 质押物

质押物仅接受以粮食为原料，经传统工艺发酵酿制，并经评鉴机构评估为一级以上的原酒。

D. 主要风险控制措施

①第三方监管机构派专人驻场监管；

②出质人为质押物购买保险，投保额不低于银行贷款本息；

③严格按照《银行货押业务管理办法》的相关规定执行。

方案二：联保模式

A. 方案描述

对于不接受原酒质押的中小白酒生产企业，可采取联保模式，由几个企业组成一个联保小组，此种模式适合中小白酒生产企业较聚集的地区，如白酒工业园区等。

B. 目标客户

拥有白酒生产许可证，从事原酒生产 3 年以上，销售渠道稳定；联保小组成员不得少于 4 户，各成员在银行信用风险评级均在 B 级（含）以上。

C. 主要风险控制措施

联保企业存入银行授信总额 20% 的共同保证金。

【案例】 天津蓝德酒业销售有限公司保兑仓方案

（一）企业基本情况

天津蓝德酒业销售有限公司是一家外商独资企业，注册资本 5 000 万港元。经营范围主要为销售蓝德系列葡萄酒、白兰地及龙凤药酒、合龙晴鱼花雕酒等。

天津蓝德销售是蓝德集团为了整合葡萄酒市场的销售和推广而专门成立的销售公司，是将原蓝德葡萄酒公司中的销售部门剥离整合而成。蓝德销售成立后，蓝德葡萄酒公司生产出的产品将全部销售给蓝德销售，再由蓝德销售负责对下游经销商的批发业务。

天津蓝德销售的财务情况：企业资产总额48 796万元，其中流动资产合计48 619万元；负债合计42 165万元，全部为流动负债；所有者权益合计6 631万元。主营业务收入79 811万元，利润总额1 816万元，净利润1 362万元。

（二）银行切入点分析

供应链现状

①上游供货商情况

蓝德集团为整合中国葡萄酒市场的销售，将原集团内的销售部门整合成立为天津蓝德酒业销售有限公司。蓝德葡萄酒酿酒有限公司生产出的全部产品均通过天津蓝德酒业销售有限公司销售。

中法合营蓝德葡萄酿酒有限公司（以下简称蓝德公司）是一家生产蓝德系列葡萄酒的外资企业，注册资本40 749.9万元人民币，年产量5 740万瓶。

蓝德公司总资产164 790万元，主营业务收入131 702万元，应收账款周转天数为59.26天。企业本部取得主营业务收入为70 234万元，净利润为7 483万元。

②下游经销商情况

目前天津蓝德酒业销售有限公司的销售模式采用经销商体制，其销售网络遍布全国各地，尤其华东、华南地区包括上海市、浙江省及江苏省是蓝德销售的主要市场。

随着经营规模的扩大，蓝德销售自身需要及时的回笼销售资金、优化报表，经销商也需要以更小的成本、更优惠的价格来取得更大的收益。同时葡萄酒属于季节性快销品，行业具有明显的淡旺季周期划分，旺季来临时经销商需要大批量的订货销货，往往对经销商的资金运转提出较大挑战，传统结算方式已无法满足企业的需求。

结合天津蓝德酒业销售有限公司及其经销商实际需要，银行拟为其搭建供应链金融服务网络，扩大核心企业销售规模，同时为其支持的下游经销商提供融资服务，扩大其采购能力。

单位：万元

地区	企业名称	拟用额度
浙江	杭州洪大祥食品有限公司	1 500
浙江	宁波宏马糖酒食品有限公司	1 000
浙江	宁波市津禧酒业有限公司	1 500
安徽	安徽百汇源酒类销售有限公司	1 500
福建	泉州市嘉太中外名酒有限公司	2 500
广州	深圳市银增贸易有限公司	1 000
河南	郑州市伟立酒业有限公司	300
河南	郑州金水区喜洋洋副食品商店	300
湖北	武汉市华元副食品有限公司汉口经营部	400

a. 杭州洪大祥食品有限公司是一家注重品牌、经营服务终端的专业酒类批发公司，被五粮液集团授予“五粮液系列酒销售大户”、“五粮液集团优秀经销商”、“五粮液专销户”等荣誉，每年五粮液及五粮液系列酒的销售额均在3 000万元左右，市内供应遍及商场、超市、酒店、夜场。

b. 宁波宏马糖酒食品有限公司主要经营其他食品，副食品，食品原料的批发、零售、代购代销。

c. 宁波市津禧酒业有限公司是专业的酒类销售公司。公司现有员工100余人，经营场地和仓储面积达万余平方米，配送运输商务车辆10余辆，行销网络遍及宁波地区、舟山地区、绍兴地区。总代理产品：王朝系列、五粮液系列、金六福系列、香格里拉天籁系列、蓝带啤酒系列。主要业务：向所辖范围内餐饮、商超、流通、特通等渠道销售公司所代理的产品。

d. 安徽百汇源酒类销售有限公司是安徽省专业的中高档品牌红酒销售商，是中法合营王朝系列干红的安徽地区总代理商，全权负责王朝安徽地区的品牌推广和销售。总资产逾3 000万元，年销售额超亿元。

e. 泉州市嘉太中外名酒有限公司主营名酒批发零售、物流配送等业务。该企业总资产3.38亿元，主营业务收入6亿元，向王朝销售采购1.02亿元，占王朝整体销售的7.8%。

f. 深圳市银增贸易有限公司主营名酒批发零售、物流配送等业务。

g. 郑州市伟立酒业有限公司是一家有着多年营销成功案例的酒类销售公司，作为王朝葡萄酒河南总代理，销售范围遍布河南省各地市，郑州市内全渠道运作。

h. 郑州金水区喜洋洋副食品商店为王朝葡萄酒河南代理。

i. 武汉市华元副食品有限公司汉口经营部主要代理产品天津中法合营王朝干红系列酒、进口香奈葡萄酒等。企业总资产3 126万元，主营业务收入4 500万元。

（三）操作方案

A. 授信产品

在保兑仓核心企业回购担保额度项下开立不超过6个月的银行承兑汇票。

B. 成员单位

1. 主办单位：天津蓝德酒业销售有限公司

2. 网络单位：天津蓝德酒业销售有限公司下游经销商

C. 合作模式

针对企业实际需要和不同经销商的特点，银行拟采取两种模式（a模式和b模式）搭建金融服务网络。

a模式（三方非标准保兑仓）项下：

1. 模式特点

银行向经销商提供授信定向用于向天津蓝德酒业销售有限公司购买货物，以天津蓝德酒业销售有限公司对未向经销商销售发运的商品承担退款责任，对经销商到期未能补足的银行承兑汇票敞口对应商品承担回购责任作为担保措施。由中法合营蓝德葡萄酿酒有限公司对该回购担保额度提供连带责任保证担保。

在该模式项下，实行单一额度管理，即银行审批部门对天津蓝德酒业销售有限公司核定回购担保额度后，由银行授权主办行公司业务管理部在该授信额度范围内，根据银行核准的额度审核办法，直接审核确定经销商的授信额度。

2. 经销商准入标准（经主办单位推荐的经销商可适当放宽）

（1）原则上至少有3年以上经销同类商品的经验，是卖方在协办行所在区域的销售代理，与卖方有真实、正常和稳定的商品购销关系；

（2）在银行信用评级原则上为B级（含B级）以上；

（3）内部管理规范，有专业团队配合银行开展业务；

（4）无逃税、漏税记录，银行信用记录正常。

3. 具体流程

（1）银行为天津蓝德酒业销售有限公司申报“其他回购担保额度”，该额度由中法合营蓝德葡萄酿酒有限公司提供连带责任保证担保。

（2）天津蓝德酒业销售有限公司在银行取得回购担保额度后，向银行提供其推荐的经销商名单及额度切分明细，由主办银行将买方名单及额度切分信息通知相关分行。

（3）银行以分配额度为上限对经销商进行授信审批。授信品种为银行承兑汇票，银行承兑汇票开立及补足保证金按银行相关规定执行。具体开票方式为：经销商开立期限不超过6个月的银行承兑汇票，保证金比例不低于30%。

（4）经销商在银行取得开立银行承兑汇票额度后，协办行、天津蓝德酒业销售有限公司、中法合营蓝德葡萄酿酒有限公司和经销商签订经银行法律合规部门审定的四方协议，协议约定发生回购时银行可同时向天津蓝德酒业销售有限公司、中法合营蓝德葡萄酿酒有限公司和经销商进行追索。

（5）协办行收妥经销商缴存的保证金后开立收款人为天津蓝德酒业销售有限公司的银行承兑汇票，天津蓝德酒业销售有限公司收到银行承兑汇票后按协议约定直接向经销商发送相应货物，并同时向银行出具退款/回购承诺函、发货清单，一旦发生回购，天津蓝德酒业销售有限公司见退款/回购承诺函、发货清单及银行发出的退款/回购通知书即履行回购义务。

（6）经销商应在银行承兑汇票到期前缴存保证金封闭敞口，如保证金未能及时缴足，即经销商未能偿还债务，银行将向天津蓝德酒业销售有限公司追偿，天津蓝德酒业销售有限公司须在10个工作日（根据货物的不同，可以适当调整）内履行回购义务。

b. 模式（三方标准保兑仓）项下：

1. 模式特点

银行向经销商提供授信，定向用于向天津蓝德酒业销售有限公司购买货物，并委托天津蓝德酒业销售有限公司管控货物。随着经销商缴存保证金，天津蓝德酒业销售有限公司根据银行指示向经销商发货。该模式下，以天津蓝德酒业销售有限公司对未向经销商销售发运的商品及经销商到期未能补足的银行承兑汇票敞口对应商品承担退款、回购责任作为担保措施。由中法合营蓝德葡萄酿酒有限公司对该回购担保额度提供连带责任保证担保。

该模式按照银行标准三方保兑仓业务模式操作，实行单一额度管理。

2. 经销商准入标准（经主办单位推荐的经销商可适当放宽）

（1）原则上至少有2年以上经销同类商品的经验，是卖方在协办行所在区域的销售代理，与卖方有真实、正常和稳定的商品购销关系；

（2）银行的信用评级原则上在B级（含B级）以上；

（3）内部管理规范，有专业团队配合银行开展业务；

（4）无逃税、漏税记录，银行信用记录正常。

3. 具体流程

（1）银行为天津蓝德酒业销售有限公司申报保兑仓回购担保额度，该额度由中法合营蓝德葡萄酿酒有限公司提供连带责任保证担保。

（2）天津蓝德酒业销售有限公司在银行取得回购担保额度后，向银行提供其推荐的经销商名单及额度切分明细，由主办银行将买方名单及额度切分信息通知相关分行。

（3）银行以分配额度为上限对经销商进行授信审批。授信品种为银行承兑汇票，银行承兑汇票开立及补足保证金按银行相关规定执行。具体开票方式为：经销商开立期限不超过6个月的银行承兑汇票，保证金比例不低于30%。

（4）经销商在银行取得开立银行承兑汇票额度后，协办行、天津蓝德酒业销售有限公司和经销商签订银行标准版本《银行保兑仓业务三方协议》。

（5）在三方保兑仓项下，协办行收妥经销商缴存的保证金后通知银行，银行通知天津蓝德酒业销售有限公司按协议约定直接向经销商发送相应货物，经销商收妥货物后告知协办行，如此循环操作，直至保证金账户余额达到银行授信金额，天津蓝德酒业销售有限公司按约定发送完毕全部货物。

（6）经销商应在银行承兑汇票到期前缴存保证金封闭敞口，如保证金未能及时缴足，即经销商未能偿还债务，银行将向天津蓝德酒业销售有限公司追偿，天津蓝德酒业销售有限公司须在10个工作日（根据货物的不同，可以适当调整）内履行退款或回购责任。

（四）收益分析

1. 银企关系现状

中法合营蓝德葡萄酿酒有限公司目前集团限额6.8亿元。

天津蓝德酒业销售有限公司在银行获得单笔单批履约保函额度3亿元，

期限6个月，敞口2.7亿元，10%保证金，由中法合营蓝德葡萄酿酒有限公司提供连带责任保证担保。目前使用余额为1亿元，另有875万元低风险银行承兑汇票贴现余额。

天津蓝德酒业销售有限公司在银行对公存款时点数为1亿元，对公存款日均数为9 000万元，中间业务收入为30万元，贴现累计额14 275万元，另企业已在银行开立对公网上银行、代发工资等业务；中法合营蓝德葡萄酿酒有限公司在银行对公存款时点数为1.2亿元，对公存款日均数为1亿元，中间业务收入为20万元，贴现累计额13 406万元，且在银行开立对公网上银行、代发工资等业务。

2. 收益预测

蓝德销售的销售商遍布全国各地，共分六个大区：华东大区、华南大区、华中大区、东北地区、西南大区以及西北大区，一共有400多家经销商。银行为其拟订的整体方案可以将蓝德销售产业链的下游整合在一起，可为银行带来存款、中间业务收入、贴现等综合收益。

存款：银行为经销商开立30%保证金、6个月的银行承兑汇票，可为银行带来日均6 000万元存款沉淀；

中间业务收入：银行为经销商开立银行承兑汇票可带来手续费收入30万元，另外经销商在银行开立结算账户后可为银行带来相应的结算业务手续费收入，包括电汇、网上银行、现金管理；

贴现：蓝德销售收到银行开立银行承兑汇票后会将其中的绝大部分贴现，这样就会给银行带来相应的贴现收益；

其他：经销商需要在银行开立结算账户，一些对公结算业务的办理会带动其在银行对公存款理财、对公网上银行以及对私业务的发展。

（五）风险控制

1. 银行为经销商开立的银行承兑汇票应由协办行客户经理直接传递或交付给蓝德销售，并由蓝德销售出具收到保兑仓业务协议项下票据确认函。

2. 保兑仓a模式项下，天津蓝德酒业销售有限公司仅凭银行出具的退款/回购通知书，承担无条件的退款/回购担保责任。

3. 银行业务部门建立保兑仓业务台账管理制度，根据不同的卖方及融资模式监理完善台账，确保协议项下商品的总量和保证金能有效覆盖风险敞口。

4. 核心厂商天津蓝德酒业销售有限公司及承担回购连带责任担保的中法合营蓝德葡萄酒酿酒有限公司均为天津市优质企业，也是银行重点客户，资信良好，实力雄厚，产品畅销，有较高的还款保障，确保银行授信安全。

【点评】

蓝德集团已成为资产15亿元以上的大型专业酿酒集团，积累了丰富的生产销售经验。随着生活水平的提高，葡萄酒的消费旺盛，传统的结算模式已不能满足现有供需关系，企业和旗下200余家经销商都急需通过银行的信贷支持及供应链融资服务优化、扩大自身销售网络。

八、纸业保兑仓

【产品定义】

三方保兑仓：包括造纸厂商、经销商、融资银行，通常造纸厂商向银行提供退款承诺、回购担保承诺的保证措施，即银行承兑汇票到期前，如果经销商没有存入足额保证金（即经销商没有从核心厂商提走全部货物），造纸厂商负责退还银行承兑汇票票面金额与经销商提取的全部货物金额之间的差额款项，又称直客式保兑仓。

【行业概况】

造纸行业包括纸浆制造、造纸、纸制品制造及制浆和造纸专用设备制造4个子行业。

造纸行业内产能迅速扩张，市场竞争充分，行业集中度较低，箱板纸、瓦楞纸、新闻纸、铜版纸等纸种已趋于过剩或供过于求，行业面临结构调整。其中箱板纸、瓦楞纸不适合操作保兑仓，新闻纸、铜版纸等印刷用纸张适合

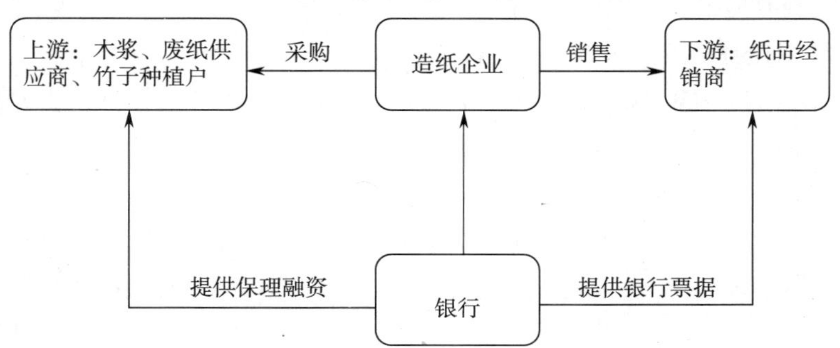

办理保兑仓业务。

国家确立了国内造纸业长期发展基调：提高门槛、控制产能、扶大限小、优化格局，逐步建立资源节约、环境友好、发展和谐的造纸产业发展新模式，加快由造纸大国向造纸强国转变。

【适用客户】

准入基本要求为区域内生产要素（包括稳定的原材料供应、水资源的供给、热电供应、交通运输等）配置合理，满足制浆造纸工业水污染物排放标准、造纸产品取水定额、造纸产业发展政策中关于环保、取水及能耗的标准，主要生产设备不在国家产业政策淘汰范围之内，产品以中高档为主，有稳定的客户群，市场前景良好，财务情况稳健，盈利能力好。

择优支持年产量 50 万吨以上，有丰富原材料储备，具备先进的制浆造纸、污染治理技术和节水措施，产业链条完整，产品覆盖面宽，资信盈利能力优良，成长性好的大型造纸企业。

适度支持区域内有一定规模优势，产品适销对路、环保达标的中型企业。

【营销建议】

（一）信贷业务营销思路

对造纸行业信贷投放的基本原则是择优介入、适度发展、调整结构。

造纸行业信贷投放应当继续向行业内有原材料储备、技术和装备水平较高、污染治理好、具有区域或子行业内垄断竞争优势的大型造纸企业倾斜，并通过优化融资品种、担保方式、期限结构等措施切实提高银行信贷资产安全程度；对于不符合国家相关产业、环保政策要求，经营状况和发展前景较差企业，继续加大退出力度。

支持国内市场份额较大、有林纸浆一体化项目、产品更新换代快、有提升附加价值能力的龙头企业。

1. 区域选择

重点发展以山东地区为主的环渤海地区、以江苏浙江为主的长三角地区、以广东为主的珠三角地区，以及中西部地区部分优势企业。

2. 项目选择

根据造纸产业发展政策，新建、扩建制浆项目单条生产线起始规模要求达到：化学木浆年产 30 万吨、化学机械木浆年产 10 万吨、化学竹浆年产 10 万吨、非木浆年产 5 万吨。年产 10 万吨及以上纸浆项目须由国务院投资主管部门核准，并取得国家环保总局的环评批复。

新建、扩建造纸项目单条生产线起始规模要求达到：新闻纸年产 30 万吨、文化用纸年产 10 万吨、箱纸板和白纸板年产 30 万吨、其他纸板项目年产 10 万吨。薄页纸、特种纸及纸板项目以及现有生产线的改造不受规模准入条件限制。

（二）营销建议

对于优先支持和择优支持的授信对象，可以给予短期贷款、银行承兑汇票等流动资金或项目融资支持；对于优先支持和择优支持的授信对象的上下游客户，可以采用“1 + N”模式开展授信业务；除此之外的客户，应结合保证、抵质押等强担保，或采用货押等模式给予适当的授信额度。

【信贷管理】

银行对造纸企业提供保兑仓授信，应当考虑：

1. 造纸行业是高污染行业，应依据国家建设项目环境保护规定和环保部门通报情况，严格贷款的审批、发放和监督管理。对未通过环评审批或环保设施验收项目，不得提供保兑仓授信。

2. 持续关注造纸企业的环保问题，加强对造纸企业污染物排放的监控，通过定期走访企业及地方环保部门等形式实地调查了解企业环保达标情况。对于被地方政府列入淘汰落后产能范围内的企业，污染物治理达不到制浆造纸工业水污染物排放标准又无力进行环保技术改造的企业，不得提供保兑仓授信支持。

3. 造纸产业发展政策和促进产业结构调整暂行规定明令淘汰及限期进行升级改造的生产装置不能作为抵押物，已设置担保、抵押的需重新设置新的有效担保、抵押。

【案例 1】　发兰优企业集团纸品保兑仓案例

（一）企业基本情况

1. 厂商情况

发兰优企业集团是一家以造纸为经营核心的企业，系福建省高新技术企业，注册资本 12 888 万元，占地总面积 6 万平方米，是全球最大拷贝纸、薄页纸生产基地。其主要经营为生产销售高级静电复印纸、拷贝纸、薄页包装纸、半透明纸、擦手纸、马桶坐垫纸，“发兰优”商标为“中国驰名商标”，发兰优拷贝纸为“国家免检产品”。

2. 保兑仓经销商情况

本次拟发展核心企业保兑仓业务，主要是针对下游企业向其采购行为时办理，上述核心企业，其所对应销售对象相同，因此需分别办理。目前，银行拟发展下游企业主要为：

（1）晋江权顺贸易有限公司，注册资本1 000万元人民币，经营范围：纸品贸易、办公文化用品贸易、自营和代理各类商品和技术进出口。目前主要从事纸品贸易业务，且全部为代理发兰优的纸品销售。公司总资产约10 000万元，现有员工15人，其经营方式主要是依靠国内知名大型企业（如福建希源纸业有限公司、福建省晋江发兰优纸业有限公司、福建发兰优集团实业有限公司等），根据大企业订单，组织货源，其年营业收入约1.2亿元，目前正处于发展阶段。

（2）晋江祥程贸易有限公司，注册资本800万元人民币，经营范围：纸品贸易、办公文化用品贸易、自营和代理各类商品和技术的进出口。目前主要从事纸品贸易业务，且全部为代理发兰优的纸品销售。该公司总资产约10 000万元，其经营方式主要是依靠国内知名大型企业（如福建希源纸业有限公司、福建省晋江发兰优纸业有限公司、福建发兰优集团实业有限公司等），根据大企业的订单，组织货源，其年营业收入约1.5亿元。

（二）银行切入点分析

造纸企业是非常典型的经销商模式，银行希望借助核心厂商拓展众多的经销商。造纸企业对银行最有价值的是下游庞大的经销商客户群体。

（三）银企合作情况

银行为发兰优企业集团核定2亿元回购担保额度，经销商交存50%保证金，银行为经销商办理超过4亿元的银行承兑汇票。

【案例2】　浙江圣代纸业股份有限公司保兑仓

（一）企业基本情况

1. 浙江圣代纸业股份有限公司，专业从事于纸张研发、OEM及浆纸销售和品牌包装解决方案服务。下属上海圣代纸业有限公司、无锡圣代纸业有限公司、杭州圣代纸业有限公司、成都圣代纸业有限公司、广州圣代纸业有限公司等九家全资控股子公司以及30多家办事处，销售网点遍布全国。集团下属圣为（香港）浆纸有限公司和纸浆事业部，业务涉及美国、欧洲、亚洲、非洲等国际市场。

2. 温州益祥印刷有限公司，注册资金5 118万元，占地面积1.61万平方米，建筑面积3.10万平方米，拥有固定资产1.35亿元。

（二）银行切入点分析

该产品可以满足大中型企业客户“加快货款回流速度，提高下游客户对其依存度”的需求，同时解决小企业融资无抵押难题，引入供应链融资产品中的保兑仓业务。银行给予大中型企业保兑仓额度，下游小企业经核心企业推荐后都可向该行申请信贷支持，无须提供抵押物。

（三）银企合作情况

浙江圣代纸业股份有限公司凭借其与温州益祥印刷有限公司的购销合同，获得银行350万元信贷资金，这标志着银行供应链融资产品——保兑仓业务放款流程试点成功。

【点评】

保兑仓融资业务是指小企业向一家生产经营稳定、财务状况良好的优质大中型企业进货（持续一年以上），可以凭借与上游核心企业的购销合同向银行申请信贷。

这款产品对买卖双方企业而言均有益：一是帮助上游企业加快资金融通、避免企业资金被大量占用在应收账款上，提高资金回收率；二是帮助上游企业确立核心地位，获得可持续竞争优势；三是拓展小企业融资新渠道，小企业可凭借优质大中企业信用，提升自身信用，无须任何抵押，可获银行信贷，缓解企业资金压力。

九、纸品流通商保兑仓

【产品定义】

纸品流通商保兑仓业务是指针对特大型的纸品流通企业，银行利用自身信用，通过提供封闭贷款方式支持下游二级纸品经销商（或个体工商户），银行提供融资同时控制货权，特大型纸品流通企业以货物回购或退款承诺为担保措施。

【行业概况】

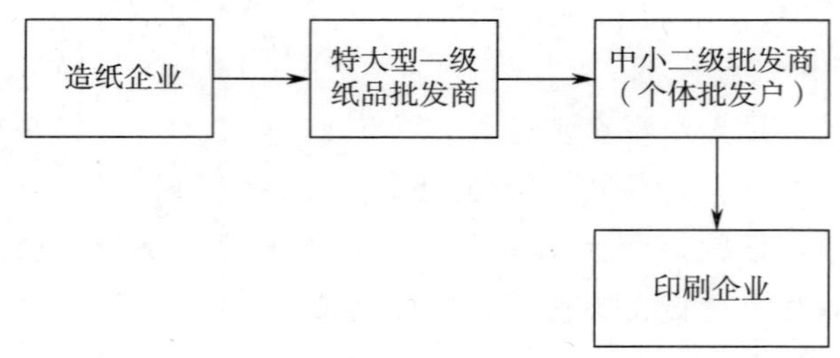

【适用客户】

国内的大型纸品批发商都是采取发展二级批发商模式，包括北京诺亚纸业物流有限公司、厦门建发纸业有限公司、明盛纸业有限公司等特大型纸品批发商都是采用这种方式。这类产业链非常适合使用保兑仓模式。

【营销建议】

纸品流通是一个较大的行业，在各省份都有一些经营规模巨大的纸品批发商，这类企业带动的下游客户数量众多，适合营销保兑仓业务。

【案例】 北京诺亚纸业物流有限公司

（一）企业基本情况

1. 厂商情况

北京诺亚纸业物流有限公司（以下简称诺亚）注册资本10 000万元人民币，主营业务：销售各种纸张、纸制品及原料。诺亚是华北地区处于第一位的文化用纸销售商，作为一家纸张分销物流企业，其代理销售的纸张品类是文化、印刷、包装用纸，包括胶版、内纹、轻涂、铜版、白卡等。具体来说其代理销售的主要产品包括APP金东纸业（江苏）有限公司的铜版和胶版；宁波中华纸业有限公司的包装卡纸；APP金华盛纸业（苏州工业园区）有限公司的胶版；大宇制纸的高克重铜版纸；山东太阳纸业股份有限公司的铜版、胶版、卡纸、板纸；山东泉林纸业有限责任公司铜版、胶版；苏州紫兴的铜版纸等；山东晨鸣纸业集团股份有限公司的铜版、胶版、轻涂等。

公司目前拥有北京地区最大的纸品仓库，分别位于朝阳区黑庄户的北京海丰宝纸库以及位于门头沟区淀场仓库，并具备一支拥有23辆纸品特种物流配送特种车队以及专业的物流配送队伍。诺亚是业内公认的北京乃至华北地区最大的纸张销售商。

2. 贷后管理优势

诺亚与其下游客户特别是采取贷款方式付款的客户联系紧密，通常情况至少一季度对其下游客户进行一次拜访、回访等活动，对经常发生业务的1 000余家客户几乎每月都有联系或拜访活动，这样可及时了解其下游客户生产经营状况。诺亚成立了专门的信用部门，除对客户进行信用评估外还负责对客户贷后情况进行跟踪，提醒客户按时还款。诺亚具备一套完整、成熟的法律诉讼流程，一旦借款人出现实质性风险，诺亚可利用多种手段在较短时间内实现诉讼及执行程序，确保银行及核心企业资产的安全。

（二）银行切入点分析

银行营销的着眼点在于北京诺亚纸业物流有限公司及其下游经销商。

银行提供担保额度给北京诺亚纸业物流有限公司，用于开展核心企业担保项下纸业物流产业链个人助业贷款业务，以北京诺亚纸业物流有限公司为核心企业并提供连带责任保证担保，主要为其下游客户因向核心企业购买纸产品现金不足而向银行申请的产业链式个人助业贷款。授信期限1年，金额为1亿元人民币。

诺亚下游企业商户以房产、土地、股权等多种反担保物在诺亚进行抵（质）押，诺亚为其提供连带责任保证担保。

（三）银企合作情况

具体操作方案：

A. 业务种类：个人助业贷款。

B. 担保方：北京诺亚纸业物流有限公司。

C. 贷款用途：借款人用于向北京诺亚纸业物流有限公司购买纸张及纸产品。

D. 授信规模：1亿元人民币。其中出版社、印刷厂等直接用户的商户贷款额度不低于项目总授信金额的70%。

E. 借款人条件：

1. 借款人本人及其配偶信用良好且为用款企业法定代表人或占股比例最高自然人股东，具有3年以上相关行业的从业经验；

2. 用款企业与核心企业建立合作关系至少3年以上，用款企业需提供与核心企业以往业务往来协议或发票等相关凭证。

F. 授信方式及期限：

本方案拟采用单笔贷款方式对借款进行授信，即贷款人对符合贷款条件的借款人一次性或分次发放和收回贷款。授信金额不得超过借款人与核心企业之间购销合同总价款，且不高于房产评估公司对借款人或其所经营的用款企业拥有产权的抵押给核心企业房产作出评估价格的130%。授信期限1年（含）以内。

G. 授信金额、定价以及还款方式：

1. 单一借款人授信额度为人民币10万元（含）至500万元（含）；

2. 原则上贷款利率在人民银行同档次基准利率基础上上浮10%，对于银行认定的特别优质的客户贷款利率在人民银行同档次基准利率基础上上浮5%；

3. 还款方式包括按月等额、按月等本、先一至六个月还息后等额/等本还款、按月还息一次还本方式。

H. 担保方式、保证金比例：

由北京诺亚纸业物流有限公司为借款人承担全程连带责任担保。保证金比例10%，北京诺亚纸业物流有限公司逐笔向银行出具担保确认函并按借款人贷款金额10%逐笔计提保证金存入其在银行开立的保证金账户，借款人将自有以及用款企业名下住房、商用房、商铺、写字楼抵押给北京诺亚纸业物流有限公司作为反担保。反担保品他项权证须移交银行入库管理后放款。

I. 资产保全措施：

一旦借款人出现逾期未还款（本金及利息）现象，则做如下处理。

1. 由核心企业自有资金按逾期借款人欠款本息金额进行全额垫付，直至该笔贷款状态恢复正常或结清。

2. 以核心企业在银行存入保证金对逾期借款人欠款本息金额进行全额垫付，直至该笔贷款状态恢复正常或结清。并要求核心企业在扣划其保证金后5个工作日内补足保证金，如核心企业未按要求补足保证金，银行可宣布由银行发放的由其担保的个人助业贷款全部提前到期收回。

3. 如借款人在贷款存续期内连续两个月出现逾期还款情况或累计四次出现逾期还款现象，银行有权宣布该笔贷款提前到期收回。如借款人在银行宣布贷款提前到期后5个工作日内未能结清该笔贷款，须由核心企业对该笔贷款的本金及利息进行清偿；如核心企业未履行该义务，银行有权扣划核心企业在银行存入的保证金，并对借款人在核心企业抵押的反担保物进行处置，核心企业同意放弃要求银行首先处置抵押物的抗辩权。

4. 如在一个自然月内有30%及以上的核心企业担保的客户在当月出现过逾期还款情况，银行有权要求核心企业担保的所有客户贷款提前到期。如借款人在银行宣布贷款提前到期后5个工作日内未能结清该笔贷款，须由核心企业对该笔贷款的本金及利息进行清偿；如核心企业未履行该义务，银行有权扣划核心企业在银行存入的保证金，并对借款人在核心企业抵押的反担保物进行处置，核心企业同意放弃要求银行首先处置抵押物的抗辩权。

5. 如出现核心企业未按要求补足保证金或未在规定时间内对借款人欠款进行全额垫款，银行可依照协议对借款人以及核心企业同时进行诉讼处理，并直接处理借款人在核心企业处的反担保物（在与核心企业签订的合作协议中约定，核心企业对银行首先处置抵押物放弃抗辩权）。

J. 贷款流程：

客户提供其个人资料、用款企业经营状况资料以及与诺亚签订购销合同等相关资料，银行在审定个贷客户资质后出具批贷函；客户将其房产抵押给核心企业并由该公司承担连带担保责任；核心企业向银行出具保证函，并按贷款金额10%在银行开立保证金账户存入保证金。银行在确认上述两项担保措施落实后发放个人助业贷款并将款项按照客户与核心企业签订购销合同直接打入核心企业结算账户。

K. 风险防范措施：

1. 产业链核心企业的选择

本次银行选择的是在北京地区文化用纸张及纸产品物流行业中占有绝对优势地位的北京诺亚纸业物流有限公司作为担保授信对象。该公司除具有国内外知名纸产品制造商在北京地区重要的销售份额外，还拥有与其长期合作的包括印刷、出版以及二级分销在内的数千家下游公司。该公司营运规模、盈利水平等诸多方面均符合其在该产业链中的核心企业地位。

2. 贷款用途的监控

本方案主要为产业链中核心企业的下游企业向核心企业购买纸张及纸产品提供融资贷款，贷款资金由银行按照借款人与核心企业之间合同约定直接汇入核心企业银行账户，贷款资金得到有效监控，且贷款用途真实有效。

3. 贷款担保管理

（1）本方案项下发放的个人助业贷款均由核心企业进行全程连带责任担

保。一旦借款人出现逾期还款等违约情况，需由核心企业首先对贷款本金及利息进行全额偿还。

（2）核心企业在银行按贷款发放额的10%逐笔计提保证金，如核心企业短时间无法垫付欠款，可用保证金予以垫付。

（3）借款人将其个人或用款企业名下住宅、商用房、写字楼抵押给核心企业作为反担保措施，反担保品他项权利证明移交银行入库管理。

4. 贷后管理措施

（1）密切关注纸张及纸产品行业变化，及时了解出版、印刷业市场动态，及时预警行业系统性风险。

（2）按季度对核心企业及本方案项下发放的个人助业贷款进行贷后管理，包括收集财务报表、账务流水，检查企业生产运营以及库存情况，打印核心企业及借款人人民银行征信记录。

（3）风险预警及控制

①如借款人出现未按期偿还利息及本金情况，银行可依照协议要求核心企业偿还当期欠款本息，也可扣划其在银行存入的保证金偿还借款人贷款本息，并要求其在5个工作日内补足保证金；如核心企业未能按期补足保证金或未偿还欠款本息，银行可宣布银行发放的由其担保的个人助业贷款提前到期收回。

②如借款人在贷款存续期内连续两个月出现逾期还款情况或累计四次出现逾期还款现象银行有权宣布该笔贷款提前到期收回；如在一个自然月内有30%及以上的核心企业担保的客户在当月出现过逾期还款情况，银行有权要求核心企业担保的所有客户贷款提前还款。

③贷款发放后如核心企业未按时将抵押物他项权利证明交银行验证，银行有权将本笔贷款宣布提前到期，要求借款人偿还全部贷款本息；如借款人不予配合，银行要求核心企业履行担保责任。

L. 收益分析

1. 对于银行，以发放个人助业贷款1亿元计算

（1）发放个人助业贷款1亿元，按照目前1年期人民银行基准利率计算一年可带给银行531万元利息收入。

（2）因贷款发放后直接打入核心企业在银行结算账户，可为银行带来1亿元人民币对公存款总进款量，预计可形成2 000万~3 000万元对公存款沉淀。

(3) 拉近银行与核心企业关系，在建立一定的合作基础后一方面可与该企业发展对公承兑汇票业务，另一方面可借此机会大力发展对私代发工资、信用卡以及 VIP 储蓄理财业务。

(4) 借款人大多为公司高管，多数均符合银行 VIP 标准，部分客户可达到银行财富客户标准，银行可借此机会发展 VIP、储蓄、理财及财富客户业务。另外可加强对借款人所在公司营销，实现代发工资、信用卡等业务的全面发展。

2. 对于核心企业

(1) 可有效提高其资金使用效率，实现应收账款的快速回笼，提高其现金充足水平。

(2) 更进一步地巩固其下游客户的业务关系，由原先对其下游客户相对被动的局面转变成与下游客户关系对等甚至占有一定优势的局面。

3. 对于使用该方案办理助业贷款客户

(1) 如采用传统赊销模式，根据赊销时间，下游用纸企业进纸价格将高于全额付款价格，如采用此方案则可以较低的全额付款价格进纸，节约生产成本。

(2) 用款企业可避免因采用中小企业对公授信方式申请对公贷款带来的授信审批时间长、审批困难大等多方面不利因素。采用本方案模式，以个人方式办理贷款并限定用于公司短时间营运资金周转方便快捷，且时间成本、资金成本均较小。

综上所述，银行与北京诺亚纸业物流有限公司合作开展核心企业担保项下产业链模式个人助业贷款业务风险可控，可实现多种业务的共同发展，效益可观并具有良好的发展前景。银行为本方案项下个人助业贷款业务申请核心企业担保授信额度不超过 1 亿元人民币，业务开展有效期为 1 年。

<table>
<tr><td colspan="7">北京诺亚纸业物流有限公司</td></tr>
<tr><td>额度类型</td><td colspan="2">公开授信额度</td><td>授信方式</td><td colspan="3">综合授信额度</td></tr>
<tr><td>授信额度（万元）</td><td colspan="2">10 000.00</td><td>授信期限（月）</td><td colspan="3">12</td></tr>
<tr><td>授信品种</td><td>币种</td><td>金额（万元）</td><td>保证金比例</td><td>期限（月）</td><td>利/费率</td><td>是否循环</td></tr>
<tr><td>一般授信担保</td><td>人民币</td><td>10 000.00</td><td>10.00%</td><td>12</td><td>按银行规定执行</td><td>是</td></tr>
<tr><td>贷款性质</td><td>新增</td><td colspan="2">本次授信敞口（万元）</td><td>9 000.00</td><td>授信总敞口（万元）</td><td>9 000.00</td></tr>
<tr><td>担保方式及内容</td><td colspan="6"></td></tr>
</table>

十、家电保兑仓

【产品定义】

家电行业三方保兑仓业务是指在家电行业，银行利用自身信用，通过提供部分保证金的银行承兑汇票业务支持家电经销商的融资服务业务，由家电厂商提供回购担保。

在该业务中，银行提供融资同时控制货权，家电生产厂家以货物回购或退款承诺为担保措施，中小家电经销商利用银行信用支付预付款，随缴保证金随提货。

【行业概况】

家电行业大致分为白色家电（冰箱、洗衣机、空调等）、黑色家电（电视为主）、小家电（微波炉、饮水机、电水壶等）三大类。其中白电和黑电利润较低、销售额较大，小家电利润相对较高、销售额相对较小。部分保证金银行承兑汇票业务较适合于白电和黑电，存款拉动效应明显；贷款业务较适合小家电，贷款收益有保障。

家电行业竞争激烈，白电对性价比要求较高，黑电受技术升级影响较大，小家电对便利度要求较高，因此要选择有实力的家电生产厂家及其下游经销商。

【适用客户】

营销对象为知名家电品牌的销售部门，通过该业务借助核心家电生产厂家的信誉支持，帮助经销商在银行获得定向采购融资，在支持经销商发展的同时，促进了产品的销售，销售部门最容易接受，由销售部门影响财务部门，从上而下达到批量开发的目的，解决信息不对称的难题，降低营销成本。或以某个经销商为切入点，与核心厂家达成合作意向，结合银行网点的分布对特定区域内的经销商进行批量开发。

【营销建议】

品牌的风险——客户风险。该业务基于核心厂家的信誉和实力，因此核心厂家的风险是主要的客户风险。

品种的风险——市场风险。例如，经营空调会受天气的影响，不同品种的家电面临不同的市场风险。

流程的风险——操作风险。该业务中银行控制货权，业务操作是否规范直接影响银行实现对货权的控制。

【信贷管理】

中小家电经销商、核心家电生产厂家、银行签订三方协议。

中小家电经销商提交购销合同并向银行交存规定比例的保证金，银行为其签发以核心家电生产厂家为收款人的银行承兑汇票。

银行将上述银行承兑汇票直接交付核心家电生产厂家，同时书面通知核心家电生产厂家可发货金额。

中小家电经销商回款至保证金账户，银行根据回款金额向核心家电生产厂家发出书面通知，厂家按银行指令放货，如此循环直至保证金全部回满，该笔业务结束。

如果在银行承兑汇票到期前中小家电经销商仍有敞口未还，则核心家电生产厂家对未还敞口部分承担回购或退款责任。

【案例】

（一）企业基本情况

海博商贸有限公司注册资金300万元，是一家省级家电经销商，形成以省会为中心，业务覆盖省内大部分地区的家电批发体系。公司经销品种有西门子冰箱、洗衣机，星星冰箱、冷柜，容声冰箱、冷柜，威力洗衣机，科龙空调等中低端品牌，主要市场分布在县级以下农村地区。

（二）银行切入点分析

该客户是典型的资产小销售大的贸易型企业，超亿元的销售将会给银行带来大量的结算存款。某家银行通过分析其上游客户，最终选定了上游鑫鑫集团（生产冰箱和冰柜，市场占有率10%，产品价格较低，主要面对农村市场），为海博商贸公司提供了“家电行业三方保兑仓”业务。

（三）银企合作情况

某银行为海博商贸公司提供“家电行业三方保兑仓”授信敞口500万元，保证金比例50%，指定收款人为上游鑫鑫集团，用于采购鑫鑫集团生产的冰箱和冰柜。授信后，某银行关联营销了贴现、代发工资、银行卡等业务，客户结算资金的80%以上通过某银行办理，日均存款达到1 200万元，存贷比2.4:1，实现了较高的综合收益。

【点评】

家电行业是典型的资金密集性行业，融资需求大，家电经销商通常自身实力较小，表现为注册资金较低，资产规模较小，难以取得银行融资；但同时这类经销商销售规模都很大，一般省级经销商年销售额过亿元，大型的年销售额可达10亿元以上，对银行而言是负债业务的目标客户。从上述案例可以看出，通过“家电行业三方保兑仓”可以在有限的风险下最大限度地吸收经销商运作的存款，500万元授信取得了1 200万元日均存款，经典的“以小博大”案例。

十一、家电行业四方保兑仓

【产品定义】

家电行业四方保兑仓业务是指在家电行业，银行利用自身信用，通过部分保证金的银行承兑汇票业务支持中小家电经销商的融资服务业务。在该业务中，银行提供融资同时控制货权，卖方（销售公司或者工厂）以货物回购或退款承诺为担保措施，家电集团或上市股份公司对卖方的回购或退款责任承担连带担保责任，中小家电经销商利用银行信用支付预付款，随缴保证金随提货。

【适用客户】

对于有些家电生产集团或股份公司，下设一家销售公司或按产品设立多家工厂，下游经销商不直接向集团或股份公司采购，而是通过中间的销售公司或工厂采购。这些销售公司或工厂，或刚刚成立或刚刚被收购来，实力相对较弱，为了保证银行的利益，更有效地借助核心厂商的实力与信誉，在原有的三方保兑仓基础上，增加了集团或股份公司对卖方的回购或退款责任承担连带担保责任。

在四方保兑仓业务中涉及四个主体：家电经销商、卖方（即家电经销商的直接交易对手）、卖方所属集团或股份公司、融资银行。

【营销建议】

中小家电经销商、卖方、卖方所属集团或股份公司、银行签订四方协议。

中小家电经销商提交购销合同并向银行交存规定比例的保证金，银行为其签发以卖方为收款人的银行承兑汇票。

银行将上述银行承兑汇票直接交付卖方，同时书面通知卖方可发货金额。

中小家电经销商回款至保证金账户，银行根据回款金额向卖方发出书面通知，卖方按银行指令放货，如此循环直至保证金全部回满，该笔业务结束。

如果在银行承兑汇票到期前中小家电经销商仍有敞口未还，则卖方对未还敞口部分承担回购或退款责任。

如果卖方不能承担回购或退款责任，根据四方协议由卖方所属集团或股份公司承担连带责任。

【案例1】　蓝萌制冷有限公司四方保兑仓

（一）企业基本情况

蓝萌制冷有限公司注册资金1 000万元，是国内某知名空调品牌的一级经销商，业务范围覆盖省内四个地区，年销售额近5亿元。目前公司扩大了销售品种，增加冰箱、洗衣机系列产品，随着销售规模的扩大资金需求十分强烈。

（二）银行切入点分析

该客户在家电经销领域有十余年从业经验，伴随着中国家电行业的成长，从前经销十几个品牌，随着家电市场优胜劣汰，最终被国内排名第二的空调品牌选中，成为一级经销商。从公司发展历史看行业经验丰富，目前经营的家电品牌有较高的市场占有率和市场知名度，授信主体经营风险相对较低。其交易对手一为广东美的公司（空调），广东美的公司是国内知名家电上市公司美的电器的全资销售公司；交易对手二为合肥荣事达冰洗公司（冰箱、洗衣机），合肥荣事达冰洗公司是美的电器刚刚收购的冰箱和洗衣机的生产工厂。美的电器近几年发展迅猛，在做大做强原有空调业务的同时，不断进行兼并收购，产品延伸至冰箱、洗衣机。随着业务规模的扩大，资金压力越来越大，迫切需要银行的支持。

（三）银企合作情况

某股份制银行为蓝萌公司提供家电行业四方保兑仓授信敞口10 000万元，保证金比例30%，指定收款人为广东美的公司或合肥荣事达冰洗公司，用于采购美的电器生产的空调、冰箱和洗衣机。授信后，某银行关联营销了买方付息票据贴现、代理贴现、代发工资、银行卡等业务，客户结算资金的70%以上通过某银行办理，日均存款达到5 300万元，存贷比1∶1，实现了较高的综合收益。蓝萌公司在银行的支持下第二年销售额达到7亿元，增长了40%，实现了企业和银行双赢。

【点评】

从上述案例可以看出，通过家电行业四方保兑仓业务，银行抓住了家电集团或股份公司规模扩张资金需求强烈的机遇，将家电经销商的直接交易对手和间接交易对手通过四方协议捆绑在一起，有效地降低了风险，实现了收益最大化。

【案例2】　深圳市赛格电器销售有限公司小保兑仓

（一）企业基本情况

1. 厂商介绍

母公司珠海赛格电器股份有限公司是目前全球最大的集研发、生产、销售、服务于一体的专业化空调企业，实现销售收入600亿元，赛格电器旗下的“赛格”品牌空调，是中国空调业唯一的世界名牌产品，业务遍及全球100多个国家和地区。

2. 一级经销商介绍

深圳市赛格电器销售有限公司注册资本500万元，主营业务为家用电器（空调）的批发零售。珠海赛格电器股份有限公司为第一大股东（控股90%）。深圳市赛格电器镁售有限公司是珠海赛格电器股份有限公司在深圳区域唯一授权的销售公司，主营业务为销售“赛格”牌系列空调。公司总资产已超过10亿元，销售收入达11.67亿元，是深圳地区规模最大的专业空调销售公司。

3. 二级经销商介绍

序号	客户名称	2010年销售收入（万元）	推荐额度（万元）
1	深圳市永利竹实业发展有限公司	23 000	3 000
2	深圳中永安信商贸有限公司	4 500	1 000
3	深圳市百凌达制冷设备有限公司	7 000	2 000
4	深圳市春苗电器有限公司	2 369	600
5	深圳市兴隆制冷设备有限公司	5 830	1 500
6	深圳市深雄电器有限公司	1 700	500

续表

序号	客户名称	2010 年销售收入（万元）	推荐额度（万元）
7	深圳市华诺实业有限公司	4 597	1 200
8	深圳市宏德兴电器有限公司	1 500	400
9	深圳市世域电器有限公司	2 200	500
10	深圳市福商制冷净化工程有限公司	5 000	1 200
11	深圳市兴捷胜制冷设备有限公司	2 892	600
12	深圳全兴发电器有限公司	1 392	300
13	深圳市深翔电器有限公司	1 300	300
14	深圳市新兴金世纪电器有限公司	2 000	400
15	深圳市宝安区新安兴光家用电器商店	1 500	400
16	深圳市腾达电器有限公司	1 500	400
17	深圳市金佳乐电器有限公司	1 000	250
18	深圳市新佳乐电器贸易有限公司	1 000	250
额度汇总		14 800	

深圳赛格推荐总额度为 14 800 万元，银行在实际操作中实际使用不超过 1 亿元。

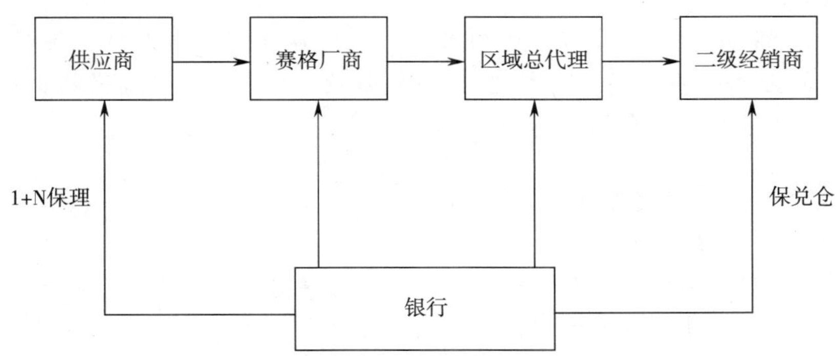

（二）银行切入点分析

赛格电器采取区域总代理模式，除了“赛格厂商—区域总代理商环节”，还有“区域总代理—二级分销商”环节，银行可以着眼于全产业链提供保兑仓融资，在大保兑仓网络（“赛格厂商—区域总代理商环节”）之外，再建立小保兑仓网络（“区域总代理—二级分销商”），打通整个赛格的产业链，分享整个产业链给银行带来巨大回报。

银行拟进一步为深圳赛格在深圳地区和惠州地区的100多家下游经销商营销代发工资、银商通、个人理财、个人消费信贷、信用卡等业务，预计能够给银行带来较多的储蓄存款和发卡量及部分个贷和中间业务收入。

（三）银企合作情况

一般情况下，在银行系统中评级低于B级的，银行将不予以授信操作。

贷款用途：授信用途应具体明确，且授信品种应与授信用途和付款方式相对应。如果本次申请一类集团客户总额度，并且能够细分，则在此列出各成员公司的额度分配表。如果是成员公司领用一类集团客户总额度，则在此说明一类集团客户总额度的批复以及已用和可用额度。

该笔授信敞口中2亿元为申领珠海赛格电器股份有限公司额度项下（保兑仓）银行承兑汇票额度，授信用途为向生产商支付采购货款，并由生产商——珠海赛格电器股份有限公司提供回购担保。该笔授信批复日期为2011年3月16日，原为双额度管理，最新批复变更为单额度管理。

另1亿元授信用途为保兑仓担保额度，由申请人深圳市赛格电器销售有限公司为其经销商提供差额退款担保。

【点评】

类似这样的产业链，在家电行业还有美的，在食品饮料行业还有蒙牛、伊利等企业，银行着眼于整个产业链进行融资，分享整个产业链给银行的深层回报。可谓“不谋全局者，不足以谋一域”。

【案例3】 美的集团保兑仓业务

（一）企业基本情况

美的集团是一家以家电业为主、涉足物流等领域的大型综合性现代化企业集团，旗下拥有三家上市公司四大产业集团，是中国最具规模的白色家电生产基地和出口基地之一。美的集团员工13万人，旗下拥有美的、小天鹅、威灵、华凌等十余个品牌。

（二）银行切入点分析

结合美的集团实际，建设银行将保兑仓业务的模式设定为利用美的集团的授信额度，为其经销商开立银行承兑汇票，银行承兑汇票用于向美的集团（包括其下属公司）购买指定的交易商品的业务。其中，银行控制提货权，美的集团受托保管货物，并在汇票到期后对经销商开出的银行承兑汇票保证金以外的金额承诺回购。

在该模式下，可实现三方共赢：对美的集团本身而言，既可以有效利用闲置额度支持经销商，提高集团在产业链上的凝聚力，又可以主动选择支持的经销商，提高集团在产业链上的控制力；对美的集团的经销商而言，可以有效解决抵质押物不足情况下的融资问题；对银行而言，既能大量开票吸收保证金存款，又能通过对资金流和物流控制实现风险可控。

（三）银企合作情况

建设银行成功为美的集团办理了第一笔保兑仓融资业务后，天津、台州、温州、重庆、湖南的多家经销商均表示了合作意向，在短短一个月内，银行拓展保兑仓客户7户，开出保兑仓2 429万元。此时，业务发展出现新问题：每笔业务量小，业务需求多，耗费人力大；异地经销商每次开票都需到网点亲自办理，客户意见较大。针对这一问题，银行联合美的集团力推电子银行承兑汇票结算，以“电票+保兑仓”的模式将双方合作推到新高度。美的集团保兑仓业务开票余额已逾8亿元（其中电票7亿元），形成了美的集团保兑仓融资业务“一点对全国”竞争优势。

建设银行为美的集团量身定做保兑仓业务，通过将银行产品和服务与企业价值链紧密结合，提高了企业在产业链上的凝聚力和控制力，受到企业高度评价。目前，建设银行已累计为美的集团发放了95笔保兑仓业务，总金额8.8亿元。

注：以上案例选自建设银行网站。

十二、农资保兑仓

【产品定义】

化肥三方保兑仓业务指在化肥行业，银行利用自身信用，通过部分保证金的银行承兑汇票业务支持化肥经销商的融资服务业务。在该业务中，银行提供融资同时控制货权，化肥生产厂家以货物回购或退款承诺为担保措施，化肥经销商利用银行信用支付预付款，随缴保证金随提货。

【行业概况】

国内的化肥销售采取厂商模式，化肥生产企业将化肥销售给大型化肥经销商，大型化肥经销商销售给分销商，分销商销售给农户。化肥产业链较长，结算方式规范，非常适合保兑仓。

【适用客户】

1. 各地的化肥厂商。由化肥厂商提供回购，银行对化肥经销商提供融资。

2. 化肥经销商。由化肥经销商提供回购，银行对农户提供融资。

【营销建议】

农资是一个较大的行业，可以给银行带来巨大的回报。通常，这个行业都是农业发展银行提供融资，这个市场巨大，银行可以提供保兑仓授信，沿着产业链进行营销。

【案例】　云南云天化国际股份有限公司保兑仓

（一）企业基本情况

1. 云南云天化国际股份有限公司是由云天化集团有限责任公司独家发起，采用社会募集方式设立的股份有限公司。“云天化”A股在上海证券交易所上市，是中国百强上市公司、全球优秀的共聚甲醛生产商、全球优秀的玻纤生产商。公司拥有总资产225亿元，净资产65亿元。

主营业务：化肥、有机化工、材料、商贸物流四大产业方向，通过技术改造、新建项目、参股控股、合资合作等方式，积极推动战略转型和产业升级。

2. 河北省农业生产资料有限公司由河北省农业生产资料总公司整体改制组建，公司作为河北省农资流通领域的主要力量，拥有齐备的农资经营设施、优秀的农资经营团队、健全的农资营销网络、深厚的农资市场基础，是商务部“万村千乡市场工程”建设试点企业，河北省人民政府确定的“十五”家商贸龙头企业之一。

（二）银行切入点分析

云南云天化国际股份有限公司是重要的目标客户，银行希望通过借助云南云天化国际股份有限公司关联营销众多的化肥经销商，从而打通化肥产业链现金流。

（三）银企合作情况

经过省农资公司财务部、磷复肥一公司一年多的积极运作，河北省农业生产资料有限公司与云南云天化国际股份有限公司、银行签署《动产融资厂商银合作协议》，这是继2009年与深发展银行成功运作“存货质押”保兑仓业务后，农资公司在融资方面的又一次突破。根据合作协议，三方将采取承兑汇票、滚动发货、资金相对封闭运行的方式，利用网络、资源、资金等各自优势进行合作，此举将不仅为云天化化肥销量提供保证，同时也使银行对拓展业务经营模式及融资进行了新的探索。

注：案例选自云天化公司网站。

十三、有色金属保兑仓

【产品定义】

有色金属三方保兑仓业务是指在有色金属行业，银行利用自身信用，通过部分保证金的银行承兑汇票业务支持有色金属经销商的融资服务业务。在该业务中，银行提供融资同时控制货权，有色金属生产厂家以货物回购或退款承诺为担保措施，有色金属经销商利用银行信用支付预付款，随缴保证金随提货。

【行业概况】

有色金属是除铁、铬、锰之外的所有金属的总称。有色金属行业涉及产品众多，铝、铜、铅、锌所占比重较大。有色金属冶炼通常分为火法冶金、湿法冶金和电冶金。火法冶金一般具有处理精矿能力大，能够利用硫化矿中硫的燃烧热，可以经济地回收贵金属、稀有金属等优点。湿法冶金常用于处理多金属矿、低品位矿和难选矿；电冶金则适用于铝、镁、钠等活性较大的金属的冶炼。

【适用客户】

择优支持有资源、有技术优势的上下游一体化大型企业，并以其为核心组建供应链融资网络，积极开展供应链融资业务。

择优支持资源储备丰富的金矿采选冶炼企业。

电解铝企业重点支持技术先进、具有成本优势、氧化铝供应有保障的上市公司或中铝等龙头企业控股的公司。

鼓励在控制风险前提下，开展铜、铝、铅、锌等有色金属成品和原料货押业务。严格执行国家下发的铜、铝、铅、锌、锑、钨、锡等行业准入条件和行业能耗限额标准，严格控制对环保不达标、生产规模过小、能耗高、资源自给能力弱、生产工艺落后的企业提供信贷支持。

【营销建议】

拥有矿山资源或具有稳定进口矿产原料来源的有色金属冶炼企业处于

产业链强势地位，银行授信业务重点应围绕此类企业开展。在符合国家产业政策的条件下可适度提供固定资产贷款，加强投行业务、现金管理等业务营销，强化银企合作深度和力度。对于有资源储备较好的中小企业也可以择优支持。

有色金属行业资源紧缺，如遇拥有资源并可抵押的企业，在符合银行基本准入门槛的前提下，可采用矿权抵押方式授信切入。

【案例】 中铝达浩铝板带有限公司保兑仓业务

（一）企业基本情况

中铝达浩铝板带有限公司是由中国铝业股份有限公司控股的一家从事高精铝板带加工的现代化企业，注册资本为13.6亿元人民币。公司是国内铝深加工的龙头企业之一，以PS版基带材、铝塑带材、铝箔坯料、幕墙板等四大产品为主导的产品系列。公司总资产370 275万元，净资产135 704万元，实现销售收入168 986万元，净利润296万元。

中铝二期简介项目基本情况如下：

（1）二期简介

中铝二期——高精铝板带工程项目建设地点位于福州经济技术开发区内，中铝达浩铝板带有限公司现有厂区南面。主要引进国外的热轧机、冷轧机、拉弯矫直机、切边机、轧辊磨床、铸造机、扁锭铣面机、锯切机等设备，生产市场急需的高端铝板带材产品。该项目建成后将成为东南沿海最大的铝加工及进出口基地。项目建设期为三年（预计在2011年底完工），达产后产能为年产能增加25万吨铝板带，年均销售收入增加531 197万元，计算期内年均税后利润总额19 395万元。

（2）中铝达浩二期主要产品优势：随着国内铝材消费结构的变化和铝加工相关产业发展，对铝加工材的品种、规格和质量提出了越来越高的要求，为国内铝加工业的发展提供了新的市场机会，为投资者提供了新的机遇。目前，国内铝板带箔材市场处于供需基本平衡的状态，普通铝板带材市场竞争激烈，利润微薄。但在印刷、包装、建筑、交通运输等铝材的应用领域，所需的高精度铝板带材，如高档的CTP版基和PS版基带材、双零铝箔坯料、宽幅铝合金板带材等受技术和设备条件的限制，市场有着很大的缺口，中铝二期工程投产后主要生产以上这些产品，将大大迎合市场的真正需求及空缺，中铝达浩也将在未来可见的市场竞争中占居主导地位。

(3) 项目收益分析

营业收入测算表

序号	产品名称	含税单价（元/吨）	销量（吨）	不含税收入（万元）
1	纯铝冷轧卷	22 500	50 000	96 154
2	铝合金冷轧卷	23 000	50 000	98 291
3	合金板带材（5052，5182）	26 000	40 000	88 889
4	PS 版基	27 000	20 000	46 154
5	CTP 版基	29 000	40 000	99 145
6	铝箔坯料	24 000	40 000	82 051
7	建筑用合金带材（3003）	24 000	10 000	20 513
	合计		250 000	531 197

投资收益：建成达产后，含税年营业收入为621 500万元，不含税年营业收入为531 197万元，生产期年均利润总额28 666万元，税后全部投资内部收益率为9.3%，资本金财务内部收益率为11.5%，投资回收期10.8年（含建设期），资本金投资回收期为11.6年，其中包括建设期3年，投资效果良好。

（二）银行切入点分析

目前该客户在全国的主要下游客户近百家，主要为生产型企业，主要分布在江浙、广东等全国各大省份，目前下游企业已积极与中铝达浩签订购货合同。由于银行保兑仓产品将大大推进下游企业的销售，故该公司目前也积极配合与银行全面合作推行保兑仓产品。经福州分行积极营销，目前中铝达浩铝板带有限公司高层对于使用银行保兑仓产品态度积极，并已推荐福州地区下游客户与经营机构接触并开立结算账户，核心企业合作愿望强烈，福州分行可通过该核心企业的大力配合来推动保兑仓产品，提高银行收益。

（三）银企合作情况

银行中铝达浩铝板带有限公司保兑仓方案：

A. “有色金属保兑仓”组成

“有色金属保兑仓”由以下成员单位组成。

1. 主办单位：中铝达浩铝板带有限公司（以下简称铝厂）；

2. 网络单位：中铝达浩铝板带有限公司的下游厂商或经销商（以下简称经销商）及上游供应商。

B. “有色金属保兑仓”入网经销商选择标准

中铝达浩下游经销商选择遵循以下原则，经厂家推荐的经销商可适当放宽准入标准：

1. 原则上该经销商从事向银行融资的商品经销业务2年（含）以上，且实际控制人从事该商品经营5年（含）以上；

2. 该经销商的注册资金须在500万元（含）以上；

3. 经销商资产负债率原则上不得超过70%，铝材经销商提供的年度财务报表原则上要求经过会计师事务所审计；

4. 为中铝达浩推荐的主要合作下游客户；

5. 内部管理规范，有专业团队配合银行开展业务；

6. 公司有正式的经营场所，能够提供有效期内的经营场所租赁合同，同时提供年度购销合同、月度购销单据等材料；

7. 无逃税、漏税记录，银行信用记录正常。

C. 业务操作流程

保兑仓双额度业务模式的保兑仓网络以银行承兑汇票结算方式或定向支付流贷操作。

1. 银行承兑汇票结算模式下业务操作流程

（1）经办行在主办行批准的授信额度内办理经销商银行承兑汇票。

（2）银行承兑汇票签发：

①经销商在经办行存入不低于申请银行承兑汇票金额30%保证金，向经办行申请办理银行承兑汇票。

②经办行客户经理应将各经销商开立的银行承兑汇票交给铝厂。银行承兑汇票可以通过专人送达或特快专递的方式传递，铝厂在收到银行承兑汇票后向经销商所属的经办行出具银行承兑汇票收到确认函。

（3）发货：

本网络开展三方保兑仓业务，经办行收妥买方缴存的保证金和提货申请书后，由主办行贸易金融部审核，并出具发货通知书，加盖公章后交给经销商所属的经办行，发货通知书通过专人送达或特快专递的方式传递，铝厂在收到发货通知书的当日向经销商所属的经办行出具发货通知书收到确认函。铝厂按协议约定向经销商发送相应货物；经销商收妥货物后向经办行出具货物收妥告知函。如此循环操作，直至保证金账户余额达到银行承兑汇票授信金额，铝厂按约定发送完毕全部货物。

（4）增补保证金：

经销商依照三方协议约定的方式和时限向经办行补足开票敞口部分的保证金。银行承兑汇票到期前，如果银行承兑汇票对应的保证金金额达到100%，则银行承兑汇票到期承兑后，该笔业务正常结束。

（5）退款或回购：

经销商应在银行授信产品约定的期限内缴存保证金封闭敞口，如在约定的时间保证金仍未缴足，即经销商未能偿还债务，经办行会同主办行经营单位将向铝厂追偿，铝厂须在收到退款通知书或回购通知书后10个工作日内履行退款或回购责任。

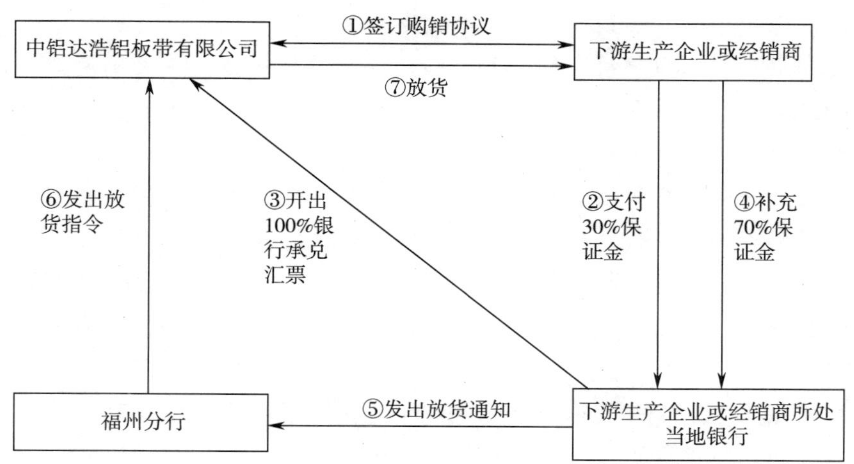

2. 定向支付流贷模式下业务操作流程

（1）经办行在主办行批准的授信额度内办理经销商流贷，并直接付至铝厂在主办行指定账户。

（2）为保障经办行的授信安全，经销商同意将《铝产品购销协议》项下的货物质押给经办行，经办行委托铝厂利用其协议仓库对质押物进行占有和监管。

如果《铝产品购销协议》项下的出质货物在经销商支付货款时，铝厂尚未生产完毕并存放在其协议仓库中，三方同意按以下方式操作。

①铝厂和经销商应在《铝产品购销协议》中约定，标的物由铝厂代办运输，发运地点为甲方控制的协议仓库；

②铝厂应在《铝产品购销协议》约定的期限内将货物发运，货物的所有权自铝厂方将货物交付第一承运人后转移给经销商。

③货物到达铝厂协议仓库后，铝厂开始行使银行委托的对质押物占有和监管的权利，入库货物的明细信息及时上传至经办行并被锁定，同时出具书面抵（质）押物占有通知书，经办行对经销商货物的质权随之设立。

④铝厂应保证货物发运和占有信息的真实性，确保经办行对经销商出质货物的质权，否则应向经办行承担连带赔偿或偿还责任。

如果《铝产品购销协议》项下的出质货物在经销商支付货款时，已经存放在铝厂的仓库中，三方同意按以下方式操作。

①货物的所有权自铝厂收到货款后转移给经销商。

②货物所有权转移给经销商后，铝厂立刻行使经办行委托的对质押物占有和监管的权利，入库货物的明细信息及时上传至经办行并被锁定，同时出具书面抵（质）押物占有通知书，经办行对经销商货物的质权随之设立。

③铝厂应保证货物占有信息的真实性，确保经办行对经销商出质货物的质权，否则应向经办行承担连带赔偿或偿还责任。

（3）上述第1、第2两条约定的质押和监管条款，无须经销商与经办行双方另行签订《质押担保合同》，也无须铝厂与经办行双方另行签订《货物质押监管合同》。

（4）铝厂代经销商为《铝产品购销协议》项下的货物在运输、仓储过程中购买全额赔付的保险，保险期间自货物所有权转移至监管到期。

（5）铝厂对质押物的监管期限至经销商融资款项到期日止。监管期限届满后，经办行应及时行使质权，质押物可继续存放在铝厂协议仓库，但货物毁损、灭失的风险及仓储费用由经销商承担。

D. 铝厂上游供应商融资

对铝厂上游供应商主要采取：直接融资、1 + N 保理金融服务、应收账款融资、订单融资等方式开展合作，铝厂提供付款承诺。对部分由铝厂控股的供应商，铝厂可提供连带责任保证。

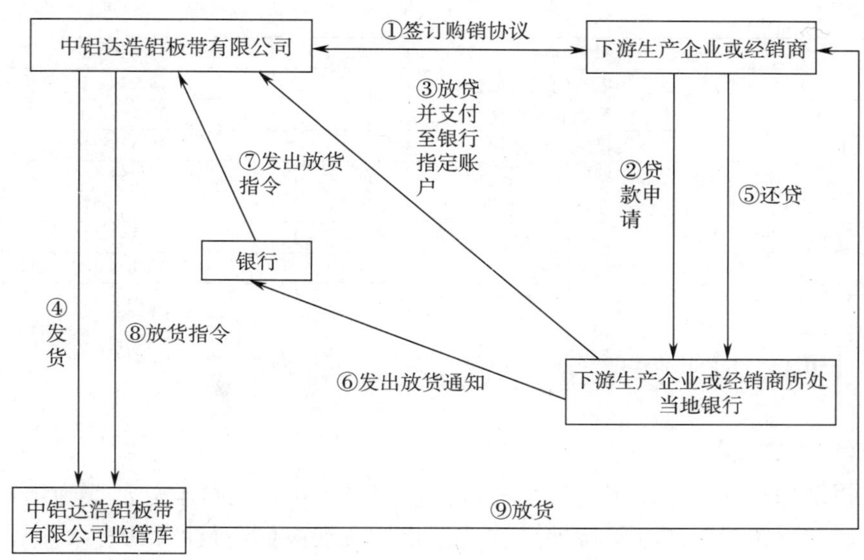

目前拟营销客户：

1. 上游主要供货商

单位：元

供应商	采购产品	累计销售额
青海铝业有限责任公司	铝锭、铸轧卷	210 828 367.77
中国铝业股份有限公司贵州分公司	铝锭、铸轧卷	167 314 071.97
中国铝业股份有限公司青海分公司	铝锭、铸轧卷	135 510 553.08
甘肃华鹭铝业有限公司	铝锭、铸轧卷	127 118 357.39
中铝西南铝板带有限公司	铝锭、铸轧卷	126 047 970.85
河南省淅川县有色金属压延有限公司	铝锭、铸轧卷	78 753 678.4

2. 下游主要客户

单位：元

厦门厦顺铝箔有限公司	168 889 920
福州达浩铝材彩涂有限公司	126 754 210
北京紫鸿（红）都商贸有限公司	125 206 060
江西泓泰企业集团有限公司（原江西泓泰建材工业公司）	88 047 900
江苏中基复合材料有限公司	78 005 708
中铝凯华（北京）铝材销售有限公司	75 081 435
上海中铝凯华铝材销售有限公司南京分公司	74 639 319
中铝佛山铝材销售有限公司	70 390 084
浙江墙煌建材有限公司	57 967 070
福建省祥鑫铝业集团有限公司	52 101 000

续表

常州丽岛金属材料制造有限公司	51 634 850
上海中铝凯华铝材销售有限公司	44 987 829
佛山市永信德铝业有限公司	37 451 700
中色发展投资有限公司	36 457 710
上海强邦印刷器材有限公司	35 967 660
泓泰复合材料（江阴）有限公司	35 225 710
佛山市顺德区红岛实业有限公司（原顺德红岛实业有限公司）	33 501 110
广东东莞华尔泰装饰材料公司	30 101 880

十四、报纸保兑仓

【产品定义】

报纸保兑仓是指以银行信用为载体，广告公司以银行承兑汇票为结算支付工具，由银行控制报纸版面广告使用权，报纸根据银行的指令，对广告公司释放广告版面，并对银行提供银行承兑汇票保证金以外敞口金额部分由广告公司以退款承诺作为担保措施，广告公司随缴保证金随使用版面。

三方保兑仓：包括报纸、广告公司、银行，通常向银行提供退款承诺、回购担保承诺的保证措施，即银行承兑汇票到期前，如果广告公司没有存入足额的保证金（即广告公司没有从报纸提取全部广告版面），报纸负责退还银行承兑汇票票面金额与广告公司提取的版面金额之间的差额款项，又称直客式保兑仓。

广大银行客户经理要高度重视这个案例，非常新颖。

【行业概况】

报纸的主要盈利来源就是广告，报纸最重要的下游客户就是各大广告公司，广告公司就如同经销商，报纸就如同生产厂商，广告公司向报纸以较低价格批量订购广告版面，然后加价分销给本地的客户，赚取其中的价差。其

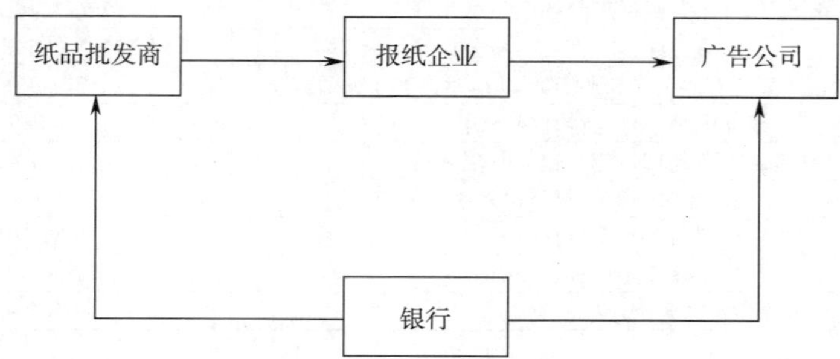

实，各种业务的商业模式基本相同，基本道理都是低买高卖。

【适用客户】

通常最有实力的中央电视台和湖南电视台不会采取保兑仓模式，这类强势媒体根本不担心广告的销路，甚至百里挑一，只有地方的电视台和报纸才会选择这种方式。

对于中央电视台和湖南电视台可以采用黄金时段的广告使用权未来货权质押方式，给一些强势的广告公司提供融资。这些黄金时段和版面的广告使用权属于极为稀缺的资源，银行未来在广告公司群体内很容易进行拍卖。

广告公司属于非常缺资金的客户群体，对上游报纸和电视台需要预付货款购买版面，对下游大客户需要提供一定的账期，资金被高度占用。

对地方有一定实力的报纸企业、电视台企业而言，它们非常依赖广告公司；对广告公司而言，最有价值的商品就是优质报纸的版面和电视台的时段。

【营销建议】

1. 厂商所有的常规授信资料；
2. 经销商所有的常规授信资料；
3. 交易合同资料、货物物权凭证等；
4. 厂商愿意提供回购担保的函。

【点评】

对卖方而言，提供了一定类似担保的信用，帮助经销商获得融资，厂商拿到票据后，通过贴现后置换自己在银行的贷款融资，可以有效地降低财务费用。同时，借助保兑仓可以牢牢地控制经销商专心经销卖方的产品。

【案例】　时代快报社广告商中小企业融资方案

（一）企业基本情况

时代快报社转企改制为浙江时代快报传媒有限公司（简称时代快报社），公司出资人为新华通讯社，注册资金3 000万元，业务范围：新闻信息采集与加工，广告制作、发布，动漫制作，网上商品销售，报纸出版。年收入总额预计达5亿元。随着发行量的迅速扩大和影响力的提高，时代快报社的广告收入持续高速增长，优势地位明显。

（二）银行切入点分析

时代快报社与广告商的传统结算模式：广告商向时代快报社申请发布广告，在广告发布成功后两个月内结清广告费，故广告商的应付账款账期为两个月，结算方式为现款交易。根据广告商与快报的结算习惯，银行设计以下针对广告商中小企业的融资方式。

时代快报社广告商中小企业融资方案

（1）核心企业：时代快报传媒有限公司。

（2）融资主体：广告商。

（3）融资产品：银行承兑汇票。

（4）授信模式：时代快报社为核心企业，广告公司为核心企业的下游，由广告公司向银行融资定向支付给核心企业，以核心企业的退款承诺为担保的融资模式。

（5）授信方案：在启用授信额度时，广告商除提供正常的授信启用材料外还需提供银行、时代快报社及广告商签订的三方协议、广告商承诺函（银行可扣划时代快报社退还的预付账款用于偿还授信本息及相关费用等）和时代快报社与广告商签订的合同协议复印件。

授信品种为银行承兑汇票，期限为6个月。在银行承兑汇票开出后的第三个月月末前3个工作日，时代快报社将银行承兑汇票开出后的第一至第三个月广告商需要发布广告的广告发布确认单交与银行确认，广告商根据银行确认承兑开立后第一至第三个月的应付广告费总价，将该款项打入其在银行开立的活期保证金账户并冻结，同时向时代快报社出具银行承兑汇票敞口部分保证金入账回执，时代快报社凭银行出具的银行承兑汇票敞口部分保证金入账回执方可向广告商提供该广告费对应的广告版面资源。若该阶段银行承兑汇票敞口部分填满，则该笔融资业务结束，该业务可循环进行；若该阶段银行承兑汇票敞口部分未填平，则广告商继续向时代快报社申请该笔承兑额度下的广告版面资源，直至银行承兑汇票开出后的第六个月月末。在银行承兑汇票开出后的第六个月月末前3个工作日，时代快报社将银行承兑汇票开出后的第四至第六个月的广告发布确认单交与银行确认，广告商根据银行确认承兑开立后第四至第六个月的广告费总价将该款项打入其在银行开立的活期保证金账户并冻结，同时向时代快报社出具银票敞口部分保证金入账回执。时代快报社凭银行出具的银行承兑汇票敞口部分保证金入账回执，方可向广告商提供该广告费对应的广告版面资源。若该阶段银行承兑汇票敞口部分填满，则该笔融资业务结束；若该阶段银行承兑汇票敞口部分未填满，则时代快报社将剩余银行承兑汇票敞口部分的预付账款退还至广告商在银行开设的活期保证金账户内并冻结，偿还到期授信。

退款金额=广告商融资敞口－广告商已向银行缴纳的保证金

（6）流程图：

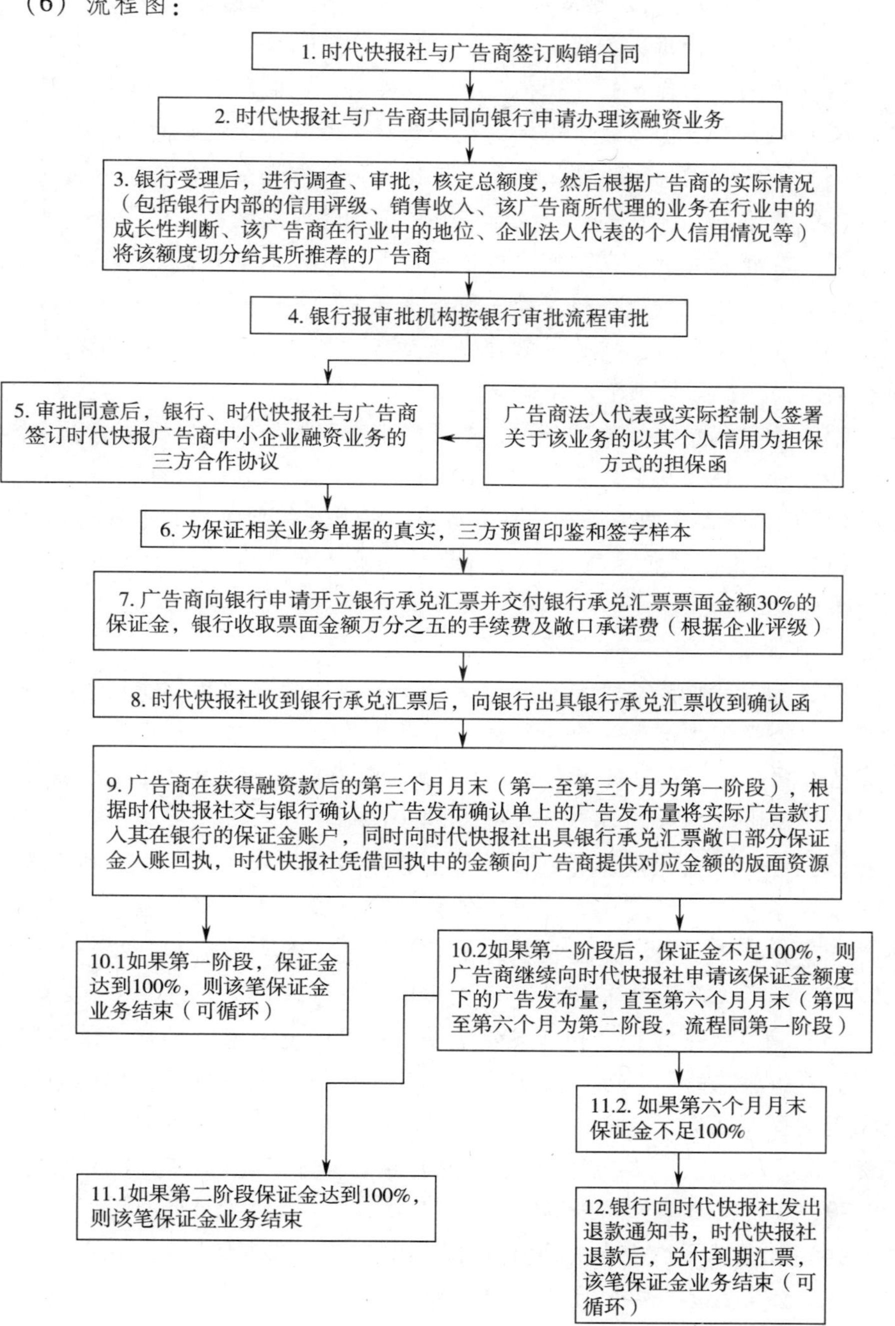
1. 时代快报社与广告商签订购销合同
2. 时代快报社与广告商共同向银行申请办理该融资业务
3. 银行受理后，进行调查、审批，核定总额度，然后根据广告商的实际情况（包括银行内部的信用评级、销售收入、该广告商所代理的业务在行业中的成长性判断、该广告商在行业中的地位、企业法人代表的个人信用情况等）将该额度切分给其所推荐的广告商
4. 银行报审批机构按银行审批流程审批
5. 审批同意后，银行、时代快报社与广告商签订时代快报广告商中小企业融资业务的三方合作协议
广告商法人代表或实际控制人签署关于该业务的以其个人信用为担保方式的担保函
6. 为保证相关业务单据的真实，三方预留印鉴和签字样本
7. 广告商向银行申请开立银行承兑汇票并交付银行承兑汇票票面金额30%的保证金，银行收取票面金额万分之五的手续费及敞口承诺费（根据企业评级）
8. 时代快报社收到银行承兑汇票后，向银行出具银行承兑汇票收到确认函
9. 广告商在获得融资款后的第三个月月末（第一至第三个月为第一阶段），根据时代快报社交与银行确认的广告发布确认单上的广告发布量将实际广告款打入其在银行的保证金账户，同时向时代快报社出具银行承兑汇票敞口部分保证金入账回执，时代快报社凭借回执中的金额向广告商提供对应金额的版面资源
10.1如果第一阶段，保证金达到100%，则该笔保证金业务结束（可循环）
10.2如果第一阶段后，保证金不足100%，则广告商继续向时代快报社申请该保证金额度下的广告发布量，直至第六个月月末（第四至第六个月为第二阶段，流程同第一阶段）
11.1如果第二阶段保证金达到100%，则该笔保证金业务结束
11.2. 如果第六个月月末保证金不足100%
12.银行向时代快报社发出退款通知书，时代快报社退款后，兑付到期汇票，该笔保证金业务结束（可循环）

(三) 银企合作情况

1. 授信客户的准入标准

(1) 在国家工商行政管理部门登记、注册，具有独立法人资格，且合法。

(2) 从事符合国家政策规定的经营活动，贷款用途符合国家产业政策。

(3) 有较好的经济效益，具备一定比例的自有资金，偿债能力较强。

(4) 重合同、守信誉、企业有完善的管理规章制度。

(5) 在银行处开立基本账户或银行信用评级不低于 B 级。

(6) 具有良好的财务核算和一般结算账户，并在账户内进行经济活动。

(7) 企业主要股东、关键管理人员近 3 年内没有不良信用记录，并且实际控制人要对授信提供个人连带责任担保。

(8) 为时代快报社的广告商，并且报批之前要经时代快报社书面推荐。

(9) 企业在该地区行业代理广告中的市场份额居领先地位。

(10) 具有连续两年以上的经营历史，并且连续两年内的销售利润为正。

(11) 原则上授信额度上限不得超过企业上年销售收入的 30% 且不超过企业总资产。

2. 首批授信客户基本情况

(1) 南京天脉广告有限公司 (评级 B) 是一家集平面、电波、电视、互联网、户外等媒体代理、营销咨询及企业形象设计、市场推广为一体的综合性广告公司。企业的总资产为 2 514 万元，销售收入为 7 953 万元，流动比为 7.11，速动比为 5.56，资产负债率为 14.01%。

(2) 南京佰慧通传媒有限公司是业界知名的专业汽车广告公司，为多家省市级媒体的一级签约代理公司，包括时代快报社汽车周刊独家代理。企业的总资产为 347 万元，销售收入为 1 474 万元，流动比为 144.22，速动比为 109.32，资产负债率为 0.38%。

(3) 南京凯莱迪特广告有限公司 (评级 B) 是一家为客户提供品牌整合营销、传播服务的综合性广告公司，与时代快报社也进行了多年的合作，涉及家用电器、百货、金融、通信以及汽车等多领域的营销策划服务。企业的总资产为 172 万元，销售收入为 1 254 万元，流动比为 300.49，速动比为 309.79，资产负债率为 0.28%。

(4) 江苏苏垦广告有限公司 (评级 BB) 是江苏省规模最大的知名房产广告公司。公司立足南京、发展苏皖，现已辐射十大城市市场。该企业的总资产为2 379万元，销售收入为6 105万元，流动比为1.26，速动比为1.26。

(5) 南京零距离国际广告有限公司（评级B）是一家综合性广告公司。企业的总资产为887万元，销售收入为2 800万元，流动比为17.61，速动比为17.61，资产负债率为4.1%。

(6) 江苏创世纪传播有限公司（评级B）是南京本土最早的媒体平台型企业，创世纪与南京五大报纸媒体（《金陵晚报》、《时代快报》、《扬子晚报》、《南京日报》、《南京晨报》）均为一级代理合作。企业的总资产为773万元，销售收入为3 085万元，流动比为4.73，速动比为4.7，资产负债率为19.98%。

序号	企业名称	企业类型	企业信用评级	总资产	销售额	拟上报额度	扣除风险保证金实际敞口
1	南京天脉广告有限公司	小	B	2 514	7 953	500	350
2	南京佰慧通传媒有限公司	小		347	1 474	300	210
3	南京凯莱迪特广告有限公司	小	B	172	1 254	200	140
4	江苏苏垦广告有限公司	小	BB	2 379	6 105	500	350
5	南京零距离国际广告有限公司	小	B	887	2 800	500	350
6	江苏创世纪传播有限公司	小	B	773	3 085	500	350

3. 风险控制措施

(1) 银行承兑汇票应由银行直接送达或通过特快专递等方式直接送至时代快报社指定专员。

(2) 银行、时代快报社、广告商应每月对账一次，如三方出现核对不一致的情况，应立刻停止办理相关业务，查明原因并解决后，视情况恢复。

(3) 广告商的实际控制人提供个人无限责任担保。

(4) 如产品到期时发生逾期情况并产生罚息的，广告商作为银行授信产品申请人应无条件向银行提供资金，封闭银行授信敞口（已在三方协议注明）。

(5) 若时代快报社在广告发布确认单未经银行确认情况下擅自向广告商提供版面资源发布广告且最终该笔银行承兑汇票产生逾期情况的，则时代快报社无条件承担逾期款项部分退款责任，同时退回款项要直接打入广告商在银行开立的保证金账户，用于偿还逾期资金。

附件

银行“报纸—广告商融资”业务三方协议

编号：__________

甲方（报纸）：______________________________
地址：______________________________
法定代表人：______________ 电话：______________
开户行：______________________
账号：________________________

乙方（广告商）：______________________________
地址：______________________________
法定代表人：______________ 电话：______________
开户行：______________________
账号：________________________

丙方（××银行）：__________________
地址：______________________________
负责人：________________ 电话：______________

报　　纸

甲、乙、丙三方一致同意合作开展“报纸—广告商融资”业务，为明确各方在业务中的权利和义务，经各方自愿平等协商一致订立本合同，以共同遵守。

第一条　本协议所用术语含义

“报纸—广告商融资”业务：以丙方授信产品为结算工具，以甲方对丙方向乙方授信敞口提供的退款承诺作为担保措施，丙方向乙方提供授信定向用于向甲方支付预付账款购买广告发布权，根据甲方提供的广告发布确认单，乙方随之缴存保证金的一种融资方式。

保证金：是指在本协议丙方提供对应的授信产品项下，乙方向丙方缴存的用于满足丙方授信条件及封闭丙方授信产品敞口的资金。

保证金收缴回执：乙方向甲方支付预付款后，在一定阶段内乙方根据在甲方实际发生的广告量向丙方交存相应保证金后，丙方签发给甲方的凭证。

第二条 “报纸—广告商融资”业务项下的融资

根据乙方申请及乙方提供甲乙双方的广告发布单或其他业务贸易背景等资料，经丙方审查通过，丙方为乙方提供下述银行授信产品专项用于向甲方支付预付账款订购广告发布权，金额最高不超过____________万元人民币，期限1年，可循环使用，并与乙方签订《____________授信协议》。授信品种为银行承兑汇票，票据期限为6个月，保证金比例为30%。

第三条 丙方依据甲乙双方的广告发布单或相应贸易背景材料以及与乙方签订的《____________协议》：

开具申请人为乙方，收款人为甲方的银行承兑汇票，由丙方指定专人直接交给或通过EMS邮寄给甲方指定专人。甲方收到后，应向丙方出具__________收到确认函。

第四条 （一）乙方获得融资款后第三个月月末前3个工作日，根据甲方向丙方提供的广告发布确认单，向丙方全额缴纳广告发布确认单中确认的金额，丙方核对乙方缴存的保证金数额（或归还相当于该次预付账款融资款项）与广告发布确认单中的金额相符后，根据缴存保证金的数额在2个工作日内向甲方发出保证金收缴回执。甲方根据丙方提供的保证金收缴回执中确认的金额方可向乙方提供相当于该金额的广告版面资源。若本次缴纳保证金金额已填平该笔融资敞口则额度释放，循环使用；若未填平敞口则在乙方获得融资款后第六个月月末前3个工作日，根据甲方向丙方提供的广告发布确认单，乙方向丙方全额缴纳广告发布确认单中确认的金额，丙方核对乙方缴存的保证金数额（或归还相当于该次预付账款融资款项）与广告发布确认单中的金额相符后，根据缴存保证金的数额在2个工作日内向甲方发出保证金收缴回执。甲方根据丙方提供的保证金收缴回执中确认的金额，向乙方提供相当于该金额的广告版面资源。若本次缴纳保证金金额已填平该笔融资敞口则额度释放，循环使用；若未填平敞口，则甲方履行退款责任，退还乙方向甲方缴纳相当于未填平敞口部分预付款作为还款资金。

（二）若甲方在广告发布确认单未经丙方确认的情况下擅自向乙方提供版面资源发布广告且最终该笔银行承兑汇票产生逾期情况的，则甲方无条件承担逾期款项部分的退款责任，同时退回的款项要直接打入乙方在丙方开立的保证金账户用于偿还逾期资金。

（三）丙方出具的保证金收缴回执是甲方向乙方提供广告版面资源的唯一凭证。若甲方履行退款责任，则退款金额 = 乙方融资敞口 - 乙方已向丙方缴纳的保证金。

（四）为了确保本协议准确执行无误，甲乙丙三方约定：

1. 指定专人负责联系和操作本合同项下的业务。如有变动，应当立即书面通知各方，在对方收到书面通知之前，原经办人员所办理的业务仍然有效。

2. 各方在业务发生前预留印鉴和签字样本，业务办理过程中，对本协议、授信协议、广告发布确认单、保证金收缴回执等文件，应认真核对印鉴和签字是否与预留样本相符，并对核对结果负责。

3. 广告发布确认单、保证金收缴回执等重要文件应派专人直接送达。不能专人直接送达的，应采用快递或挂号信等稳妥方式传递，同时应电话通知对方。

4. 银行承兑汇票应由丙方指定专人直接交由甲方指定专人，同时做好票据交接工作。

（五）甲、乙、丙三方应视业务发生频率定期对账（但每月不能少于一次），任何一方都应无条件给予配合。三方如出现核对不一致的情况时，应立即停止办理相关业务手续，查明原因并解决后，由各方书面确认后方可重新执行本协议。

第五条 银行授信产品到期

（一）银行授信产品到期前，如果授信产品全额封闭敞口，即乙方向丙方缴纳的保证金达到授信产品总敞口时，则该笔“报纸—广告商融资”业务正常结束。

（二）银行授信产品到期前10天，如果银行授信产品没有全额封闭敞口，即乙方向丙方缴纳的保证金没有达到授信产品总敞口时，丙方向甲方发出退款通知书。甲方收到退款通知书10个工作日内，必须无条件按退款通知书的要求将差额款项汇入乙方在丙方开立的保证金账户。

银行授信产品到期时，如果甲方没有按时退款，乙方作为银行授信产品申请人应无条件向丙方提供资金，封闭银行授信敞口。若甲方未将差额款项退还丙方且乙方未提供资金致使丙方在本协议项下所提供的授信出现逾期，则甲方应按日利率____向丙方支付罚息。

（三）丙方将以____________登记台账方式记载融资情况，并定期与甲方核对。

第六条 声明和保证

（一）协议各方均为依法成立并合法存在的机构，有权以自身的名义、权利和权限从事本协议项下的业务经营活动并以自身的名义签署和履行本合同。签署本协议所需的有关文件和手续已充分齐备及合法有效。

（二）甲乙双方保证其双方不存在资本控制和参与关系，在三方签订之前无任何未决争议或债权债务纠纷。

（三）甲方向丙方退还差额款项的责任是独立的，甲方和乙方之间、甲方和丙方之间的任何合同或者争议或任何条款的无效都不影响甲方的退款责任。

（四）甲方声明并保证其向丙方退回差额款项是无条件的，无须丙方先向乙方索偿或丙方先对乙方采取任何法律行动。

（五）签署本合同是各方自愿的，是各自真实意思的表示。

（六）各方将按照诚实信用原则履行本合同，并给予本合同各方必需的协助和配合。

第七条 违约责任

本合同任何一方违反本合同的任何条款（包括声明和保证条款）均构成本合同项下的违约行为，对于其违约行为给守约方造成损失，应负责赔偿，赔偿损失的范围包括但不限于本金、利息、罚息、可以预见的可得利益及实现债权的所有费用。

第八条 其他约定

第九条 争议解决

本合同项下的和本合同有关的一切争议、纠纷均由各方协商解决，协商不成的，应向____方所在地的有管辖权的人民法院提起诉讼。

第十条 合同生效

本合同经各方授权代表签字并加盖公章后生效，有效期限自____年___月___日至____年___月___日。

第十一条 合同文本及附件

本合同涉及的附件是合同不可分割的组成部分。

本合同一式三份，每方各执一份，每份具有同等法律效力。

甲方（公章）：

法定代表人（授权代表）：
年　　月　　日

乙方（公章）：

法定代表人（授权代表）：
年　　月　　日

丙方（公章）：

法定代表人（授权代表）：
年　　月　　日

十五、纺织品保兑仓

【产品定义】

纺织品三方保兑仓业务指在纺织行业，银行利用自身信用，通过部分保证金的银行承兑汇票业务支持经销商的融资服务业务。在该业务中，银行提供融资同时控制货权，生产厂家以货物回购或退款承诺为担保措施，纺织品经销商利用银行信用支付预付款，随缴保证金随提货。

【营销建议】

（一）授信品种

纺织服装行业新增授信应以短期授信品种和贸易融资为主，从严控制固定资产贷款及中长期贷款。对于存量客户加大用贸易融资、供应链等产品和模式置换现有流动资金贷款、银行承兑汇票等单一产品的力度。

支持通过产业链环节设计产品，有效缓释风险的授信。

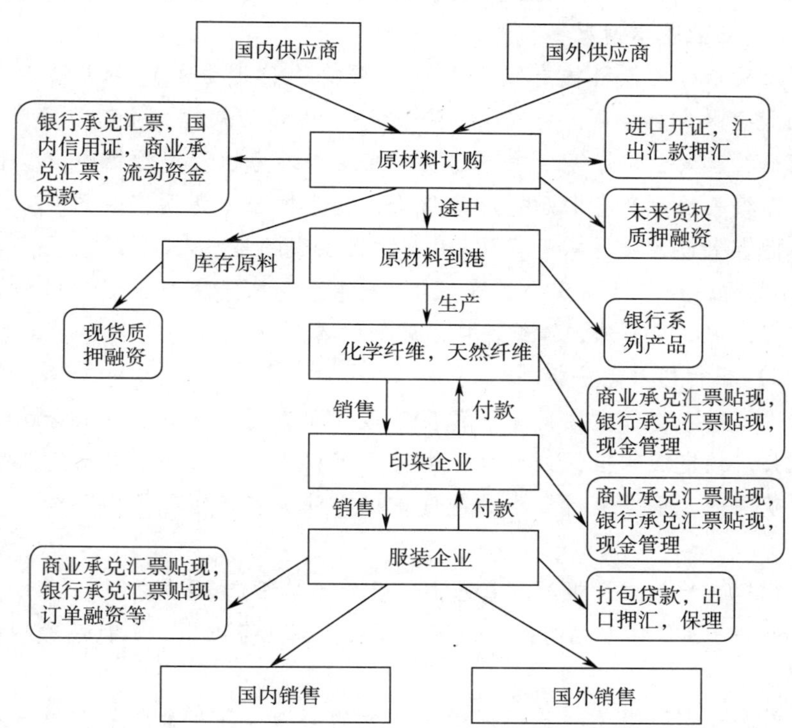

（二）授信期限

纺织服装企业的流动资金贷款期限需与企业现金流相匹配，原则上不超过 12 个月、单笔业务期限原则上不超过 6 个月。

（三）风险缓释措施

对于纺织服装行业企业授信，原则上不允许采用信用方式，对于存量授信叙做时，应提高抵质押担保比例，积极增加土地、厂房、机器设备以及产成品、原材料等具有变现能力的资产抵质押，加快对关联企业保证进行加保，高度关注非关联企业间互保、连环担保对银行授信的不利影响。

授信额度与企业经营需求相适应，充分利用贸易融资、核心企业担保、供应链整体等风险缓释措施。

【案例】 浙江长乐力景华科技有限公司保兑仓业务金融合作方案

(一) 企业基本情况

浙江长乐力景华科技有限公司（以下简称长乐力景）由香港力恒（国际）控股有限公司全额出资成立，注册资金6 988 万美元，主营业务为生产民用锦纶长丝、聚合切片等，并通过股东控股香港力恒及力源锦纶（集团成员公司，锦纶长丝年产能4 万吨）的形式，将力恒与力源两家公司在新加坡主板成功捆绑上市。公司总资产38.30 亿元，实现销售收入31.27 亿元，利润总额3.63 亿元，经营活动现金流净额1.44 亿元，总体反映了该公司经营规模逐步扩大，现金流充沛，连续保持了较好的盈利额。

(二) 银行切入点分析

本次金融合作方案实行单一额度管理，即银行审批部门对长乐力景华科技有限公司核定回购担保额度后，由银行授权主办行公司业务管理部在该授信额度范围内，根据银行核准的额度审核办法，直接审核确定下游厂商的授信额度。

银行拟在长乐力景推荐的基础上从长乐当地筛选20 家左右下游厂商，每户予以不高于1 000 万元的授信额度，开展上述业务方案，累计总额授信额度约20 000 万元。

针对企业实际需要和不同规模与实力的下游合作厂商特点，银行拟采取两种模式（A 模式和 B 模式）搭建金融服务网络。

A 模式（三方非标准保兑仓）项下:

1. 模式介绍

针对长乐力景的实际情况，银行提出的三方非标准保兑仓业务类似于保兑仓业务，即以银行承兑汇票为结算工具，银行向下游厂商提供授信定向用于向长乐力景购买货物，并追加长乐力景无条件回购或退款担保责任，银行不直接监控物流，而委托长乐力景管控货物，长乐力景在收到银票或资金后向其下游厂商发货。

针对实际交易中，下游厂商提货时间的不确定性和分散性特点（非工作日提货，下游厂商划转的保证金无法实时到账），银行允许核心客户先行发货，并将发货清单（具体包括货物名称、规格、数量、具体交易金额等）送达至银行，且下游厂商需在一定时限内根据发货清单所示金额补齐保证金，对未及时补齐的部分以及银行承兑汇票剩余敞口需由核心客户提供回购担保责任。

对于此前与长乐力景存在赊销关系的下游厂商，则可根据不同企业赊销期限不同，由长乐力景与银行共同认定其赊销期限与金额，并允许其在赊销期限内补足保证金，对未及时补齐的部分以及银行承兑汇票剩余的敞口需由核心客户提供回购担保责任。

2. 入网厂商选择标准

（1）原则上该厂商符合银行关于法人客户授信基本规定，企业法人营业执照、贷款卡、组织机构代码证书经最新年检，注册资金已经全额到位，依法从事经营活动，并在银行开立结算户；

（2）该厂商应成立两年以上，注册资金须在500万元（含）以上，主营业务突出，成长性好，近年平均销售收入6 000万元以上，且保持盈利；

（3）入网厂商资产负债率原则上不得超过70%，厂商提供的年度财务报表原则上要求经过会计师事务所审计；

（4）原则上，至少有两年以上经销同类商品或行业从事经验，为长乐力景的直供户，与双方具有真实、正常和稳定的商品购销关系；

（5）内部管理规范，有专业团队配合银行开展业务；

（6）公司有正式的经营场所，能够提供有效期内的经营场所租赁合同，同时提供年度购销合同或月度购销单据等材料；

（7）无逃税、漏税记录，银行信用记录正常；

（8）入网厂商原则上由长乐力景推荐并提出相关的额度建议（一般不超过1 000万元），银行在此基础上根据信贷政策给予分别授信。

3. 业务操作流程

（1）长乐力景、下游厂商分别向银行递交授信申请，授信获批后签订经银行法律合规部门审定的三方协议。各方在业务发生前预留印鉴和签字样本，在业务办理过程中，针对各方出具的相关证明文书应认真核对印鉴和签字是否与预留样本相符，并对核对结果负责。

（2）下游厂商根据三方协议规定，在当地银行（协办分支机构）存入不低于一定比例的开票保证金（例如30%），银行在收到保证金后，根据供销双方签订的《纺织产品购销协议》开出以下游厂商为出票人，长乐力景为收款人且不超过6个月的银行承兑汇票。

（3）银行承兑汇票的签发。

A. 长乐力景收到银行承兑汇票后，向银行出具银行承兑汇票收到确认函以及退款/回购承诺函，一旦发生回购时，长乐力景华科技有限公司见退款/回购承诺函及银行发出的退款/回购通知书即履行无条件回购或退款义务。

B. 本网络下可以办理银行承兑汇票、买方付息银行承兑汇票贴现、代理贴现业务，电子商业承兑汇票、电子商业汇票贴现业务、票据宝等相关业务，相关业务办理按银行具体产品办法及附件操作。

（4）发货以及增补保证金。

A. 银行不直接监控实际货物，而委托长乐力景管控货物。长乐力景需按月根据银行要求提供供货清单便于银行监控供货进度，并结合银行出具的保兑仓业务台账定期对账。长乐力景在收到银行承兑汇票后，根据票面金额按购销合同约定发货。

根据三方协议规定，下游厂商在银行承兑汇票到期前15日内，需全额提货并存入足额保证金覆盖银行承兑汇票敞口，使银行承兑汇票对应的保证金比例达到100%，同时银行提示长乐力景无条件回购或退款担保责任，则银行承兑汇票到期承兑后，该笔业务正常结束。

B. 若下游厂商非工作日提货，长乐力景可以先行发货，但需在次工作日将加盖公章确认的发货清单以及对应此次发货的退款/回购承诺函送达银行，清单中必须列明包括但不仅限于货物名称、规格、数量、交易金额等，银行凭借发货清单要求下游厂商在一定期限（一般是三个工作日）内根据发货清单所示金额补齐保证金。

（5）退款或回购。

A. 以长乐力景华科技有限公司对未向下游厂商销售发运的商品承担退款责任，对下游厂商到期未能补足的银行承兑汇票敞口对应商品承担回购责任作为担保措施，即厂商应在银行授信产品约定的期限内缴存保证金封闭敞口，如在约定的时间内保证金仍未缴足，即厂商未能偿还债务，经办行会同主办行经营单位将向长乐力景追偿，长乐力景须在收到退款通知书或回购通知书后10个工作日内将对应银行承兑汇票项下退款汇入银行指定账户，覆盖银行承兑汇票敞口，以履行无条件的回购或退款责任；

B. 若下游厂商与长乐力景存在赊销关系，长乐力景需与银行针对不同厂商逐一确认其赊销期限及金额，并允许其在核准的赊销期限及金额范围内补足保证金，对于未及时补齐的部分以及银行承兑汇票剩余的敞口银行凭借退款通知书或回购通知书向长乐力景追偿，长乐力景须在收到退款通知书或回购通知书后10个工作日内将对应银行承兑汇票项下退款汇入银行指定账户，覆盖银行承兑汇票敞口，以履行无条件的回购或退款责任。

详见下图：

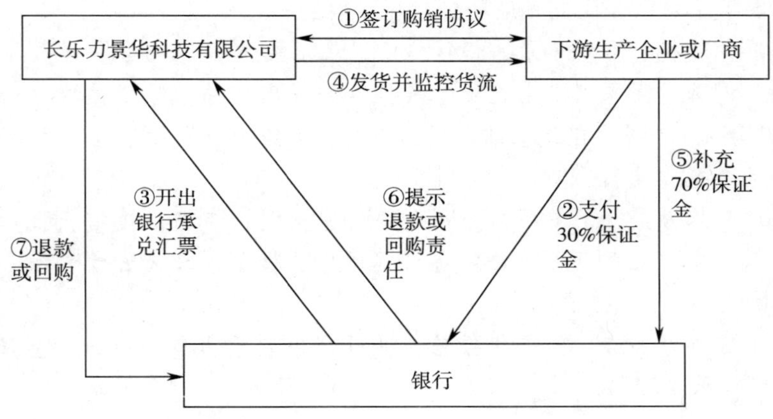

B模式（三方标准保兑仓）项下：

1. 模式介绍

银行向长乐力景华科技有限公司（核心企业）的下游厂商提供授信定向用于向长乐力景购买货物，并委托长乐力景管控货物。随着下游厂商缴存保证金，长乐力景华科技有限公司根据银行指示向下游厂商发货。该模式下，以长乐力景华科技有限公司对未向下游厂商销售发运的商品承担退款责任，对下游厂商到期未能补足的银行承兑汇票敞口对应商品承担回购责任作为担保措施。

2. 入网厂商选择标准

（1）原则上该厂商符合银行关于法人客户授信的基本规定，企业法人营业执照、贷款卡、组织机构代码证书经最新年检，注册资金已经全额到位，依法从事经营活动，并在银行开立结算户；

（2）该厂商应成立两年以上，注册资金须在500万元（含）以上，主营业务突出，成长性好，近年平均销售收入4 000万~6 000万元，且保持盈利；

（3）入网厂商资产负债率原则上不得超过70%，厂商提供的年度财务报表原则上要求经过会计师事务所审计；

（4）原则上，至少有两年以上经销同类商品或行业从事经验，为长乐力景的直供户，与卖方有真实、正常和稳定的商品购销关系；

（5）内部管理规范，有专业团队配合银行开展业务；

（6）公司有正式的经营场所，能够提供有效期内的经营场所租赁合同，同时提供年度购销合同或月度购销单据等材料；

（7）无逃税、漏税记录，银行信用记录正常；

（8）入网厂商原则上由长乐力景推荐并提出相关的额度建议（一般不超过1 000万元），银行在此基础上根据信贷政策给予分别授信。

3. 业务操作流程

（1）长乐力景、下游厂商分别向银行递交授信申请，授信获批后根据银行《“保兑仓”业务管理办法》签订银行标准版本《××银行“保兑仓”业务三方协议》；

（2）银行为下游厂商提供授信，并开出以长乐力景为收款人且不超过6个月的银行承兑汇票；

（3）在三方保兑仓项下，协办行收妥下游厂商缴存的保证金后通知主办行，主办行通知长乐力景华科技有限公司按协议约定直接向下游厂商发送购销合同对应货物，下游厂商收妥货物后告知协办行，如此循环操作，直至保证金账户余额达到银行授信金额，长乐力景华科技有限公司按约定发送完毕全部货物。

（4）下游厂商应在银行承兑汇票到期前缴存保证金封闭敞口，如保证金未能及时缴足，即下游厂商未能偿还债务，银行将向长乐力景华科技有限公司追偿，长乐力景华科技有限公司需在10个工作日内履行退款或回购责任。

公司目前下游主要客户（包括但不仅限于名单内客户）：

销售客户	销售产品	拟敞口额度（万元）
长乐鸿建针纺有限公司	针纺织品，服装面料	1 000
长乐力盛纺织有限公司	针纺织品，服装面料	1 000
浙江省长乐市航锦针织有限公司	针纺织品，服装面料	1 000
浙江省长乐市星辉针织有限公司	针纺织品，服装面料	1 000
浙江省长乐市福安针织有限公司	针纺织品，服装面料	1 000
浙江省长乐市十方针纺有限公司	针纺织品，服装面料	1 000
浙江福纺针织有限公司	针纺织品，服装面料	1 000

续表

销售客户	销售产品	拟敞口额度（万元）
浙江省长乐市建欣提花有限公司	针纺织品，服装面料	1 000
浙江省长乐市天阳织造有限公司	针纺织品，服装面料	1 000
长乐鲜花针织有限公司	针纺织品，服装面料	1 000
长乐华宇针纺有限公司	针纺织品，服装面料	1 000
长乐瑞峰针纺有限公司	针纺织品，服装面料	1 000
长乐永益针纺有限公司	针纺织品，服装面料	1 000
长乐宏业经编有限公司	针纺织品，服装面料	1 000
浙江恒晖针织有限责任公司	针纺织品，服装面料	1 000
浙江兴隆针纺有限公司	针纺织品，服装面料	1 000
长乐市福源针织有限公司	针纺织品，服装面料	1 000
浙江纺冠针织有限公司	针纺织品，服装面料	1 000
浙江省长乐市鑫艺针纺有限公司	针纺织品，服装面料	1 000
浙江省长乐市福隆纺织有限公司	针纺织品，服装面料	1 000
合计		20 000

注：长乐当地的纺织行业相当发达，注册的纺织企业已达600多家（上述大部分下游企业与其集团成员合作年限均在5年以上），包括未注册的有超过1 000家，而且市场已拓展至广东、江苏、浙江等省，付款方式以30天至90天的赊销为主，部分现款提货。

风险控制：

1. 银行为下游厂商开立的银行承兑汇票应由银行直接交付给长乐力景，并由长乐力景出具银行承兑汇票收到确认函。

2. 长乐力景华科技有限公司承担无条件回购或退款担保责任，并凭银行出具的退款/回购通知书履行上述责任。

3. 银行业务部门建立保兑仓业务台账管理制度，确保协议项下商品的总量和保证金能有效覆盖风险敞口。

4. 核心厂商长乐力景华科技有限公司为银行重点客户，资信良好，实力雄厚，产品畅销，有较高的还款保障，确保银行授信安全。

（三）银企合作情况

1. 银企关系现状

长乐力景华科技有限公司属于（额度集团）长乐力景华科技有限公司，目前集团限额10亿元。

自银行逐步开展与长乐力景华科技有限公司的业务合作，银行给予长乐力景22 500万元综合授信额度，期限1年，授信敞口20 000万元，其中进口开立信用证12 500万元，流动资金贷款8 000万元，银关保2 000万元，累计开立进口信用证约合14 000万元人民币，当前授信余额约合12 194万元人民币，存款余额约5 625万元。

长乐力景在银行对公年日均存款约4 298万元，贷款余额约8 000万元，实现中间业务收入70. 58万元，体现出了较大的综合收益。

2. 收益预测

目前长乐力景市场主要分布在福建、广东、江苏、浙江等省份，下游厂家多达200多家，银行通过上述的非标准保兑仓业务方案可以将长乐力景的下游产业链整合在一起，届时可为银行带来存款派生、中间业务收入以及贴现等综合收益。

存款：银行为下游厂商开立30%保证金、不超过6个月的银行承兑汇票，可为银行带来新增日均近1亿元的保证金及结算存款沉淀；

中间业务收入：银行为下游厂商开立银行承兑汇票可带来手续费收入近20万元，另外下游厂商在银行开立结算账户后可为银行带来相应的结算业务手续费收入，包括电汇、网上银行、现金管理；

贴现：长乐力景在收到银行开立银行承兑汇票后会将其中的绝大部分贴现，这样就会给银行带来相应的贴现收益以及存款派生；

其他：下游厂商需要在银行开立结算账户，一些对公结算业务的办理会带动其在银行对公存款理财、对公网上银行以及对私业务的发展。

十六、超市加盟店保兑仓

【产品定义】

超市加盟店保兑仓是指以银行信用为载体，以银行承兑汇票为结算支付工具，由银行控制货权，超市品牌输出方受托保管货物，并对承兑汇票保证金以外敞口金额部分由卖方以货物回购或退款承诺作为担保措施，超市加盟店随缴保证金随提货。

【行业概况】

超市多采取两类销售模式：加盟代理商和直营门店。

1. 直营店模式：直营店为超市总公司下属分支机构，本身不具有独立法人资格，其财务也由超市总公司统一管理。沃尔玛、家乐福、麦德龙、吉之岛、海雅百货、天虹百货、国美电器、苏宁电器、华美乐建材超市多采取这种管理模式，总店管理控制下属门店，为下属公司调拨资金，下属公司没有对外的融资权。

2. 加盟店模式：加盟店由超市总公司与各地实力较强的商贸零售企业签订加盟协议，授权加盟企业使用超市形象品牌，要求加盟企业统一向超市公司采购货物及配送，统一进行经营管理。依据加盟店的市场定位及规模，目前主要分为生活超市加盟店、大型卖场加盟店两种。为维护超市公司的品牌声誉，超市公司在加盟合作企业选择方面制定了相对严格的准入门槛，对加盟合作企业的资产实力、信誉状况、股东背景、加盟店的位置及装修情况等都进行了严格的要求，具体为：从超市公司与加盟店企业的销售模式来看，超市公司会根据加盟店企业的销售金额及信誉状况，给予加盟店企业一定的赊销额度，该额度一般不大于加盟店企业当前货架存货60%，加盟店企业在赊销额度内可以向超市公司赊购货物，付款期一般为两个月。

【适用客户】

在符合银行法人授信基本条件的基础上，重点支持符合下列条件的企业。

（1）符合银行信贷准入条件的法人企业，银行信用等级评定级 B（含）以上。

（2）加盟店经超市总公司推荐，信誉良好，其销售与服务活动在超市总公司的支持与监督下进行。

（3）地理位置优越，经营运作正常，其中现有加盟店年度销售额增长幅度不低于20%，新开加盟店已经落实固定资产投资及试运营正常。

（4）借款企业及股东信用状况良好，无违约记录。

【营销建议】

除了超市家盟店模式，类似的家居、建材等都有加盟店模式，也可以采取这种保兑仓的营销模式。银行客户经理必须清楚超市加盟店的盈利模式。超市品牌输出方有着较好的品牌优势，且实施主要商品的集中采购，具备较好的价格优势，可以通过收取品牌管理费和商品供应价差方式获得一定的利润。

【案例】 东莞市华联超市有限公司加盟店“1+N”整体方案

（一）企业基本情况

东莞市华联超市有限公司注册资本600万元人民币，公司经营范围包括国内贸易及物资供销。销售五金交电、办公用品、文具、音像制品、日用百货、副食、糖、家用电器、服装等。公司拥有31家直营店、6家加盟店、6 000多名员工、经营零售面积逾50万平方米。公司总资产5.25亿元，净资产3.49亿元，年度销售收入20.9亿元。

（二）银行切入点分析

首先银行将积极争取华联超市门店的结算业务，通过银行POS机刷卡现金管理平台，集合其下属所有直营店、加盟店等网点资金归集业务。通过结算归集，预计可以给银行带来超过1 500万元日均存款。

公司目前在东莞市拥有超过6 000名员工，其中高级管理人员300多人，每月的工资开支超过1 000万元，银行计划通过为其代发工资来发展银行储蓄业务。

另外，该公司目前在各家银行拥有超过3亿元的理财业务，银行通过与其展开业务合作可以积极推销银行理财产品，预计可以为银行带来超过1亿元的理财业务。

（三）银企合作情况

结合企业实际需求情况，参照银行经销商整体服务方案，银行拟订方案如下。

（1）对于华联公司下属加盟店企业，经华联公司推荐后，银行根据加盟店企业实际经营状况，给予其一定的授信额度。

（2）单个加盟店授信总额不超其注册资本，最高不超过500万元人民币。

（3）授信用途仅限于用以向华联公司采购货物。

（4）授信品种仅限于银行承兑汇票，保证金比例不低于30%，期限不超过6个月。

（5）所有被授信加盟店企业授信总风险敞口，由华联公司以其股东名下房地产物业提供抵押担保及华联公司提供连带保证责任担保，同时追加借款人股东及实际控制人个人连带无限担保责任。

总授信风险敞口以风险部门审批为准，初步确定不超过6 000万元人民币。

该整体授信方案成员企业为华联公司推荐的旗下优秀加盟店企业。随着华联公司发展规模逐步扩大，凡符合该整体授信方案准入条件的下属加盟店企业，经华联公司推荐并落实相关担保措施后，银行均可将其作为该整体授信方案借款主体。

十七、服装保兑仓

【产品定义】

服装保兑仓是指以银行信用为载体，服装经销商以银行承兑汇票为结算支付工具，由银行控制货权，服装生产企业（或仓储方）受托保管货物并对承兑汇票保证金以外敞口金额部分由服装生产企业以货物回购或退款承诺作为担保措施，服装经销商随缴保证金随提货。

【行业概况】

国内的品牌服装企业都在大力建立代理经营模式，或者建立自己的直营店，这些客户非常适合银行营销保兑仓业务。由于服装企业属于利润率较高的行业，厂商有着巨大的价格承担能力，通常都愿意给经销商在银行获得的定向用于向厂商付款的融资提供担保。

【适用客户】

第一类企业：

保兑仓业务模式尤其适合福建晋江地区的服装企业，这类企业一般在各地建立大量的加盟商，通过加盟商走市场，这类晋江服装企业的总部一般都搬迁到厦门。

1. 福建匹克集团有限公司：福建匹克集团有限公司是一家集制鞋、鞋材、服装、包袋等体育运动专业装备器材的外向型企业集团，已经具有 18 年的专业研发、制造与销售经验。集团现年产值近 10 亿元人民币，主导产品匹克牌专业运动鞋服，在全国拥有近 2 000 个专卖店，出口业务遍及欧洲、美洲、亚洲、非洲、澳洲五大洲。匹克具有超前的品牌意识，树立了“创民族品牌，建百年企业”的长远战略目标，沿着以质量创名牌的道路，不断努力拼搏，开拓进取，将“匹克”打造成具有鲜明的品牌个性的篮球运动品牌。作为国内篮球五大职业赛事的战略合作伙伴，已经经受了国内各大赛事超强度的性能质量考验。福建匹克集团目前以福建泉州匹克体育用品有限公司和泉州匹克鞋业有限公司为组织核心，拥有包括江西、惠安标准化花园式生产基地 800 多亩，建筑面积近 30 万平方米，在职员工 5 000 余人，在国内外分设匹克经销代理商 50 多家。

2. 福建柒牌服装集团有限公司：福建柒牌集团有限公司系福建省一服装重点工业企业，自 1979 年创办以来，经过不懈的奋斗，已发展成为以服装开发设计、生产制造及销售为龙头，集高级面辅料生产、科研开发为一体的大型现代化服装企业，年销售额 5 亿元，固定资产 1.5 亿元。现年生产主导产品柒牌系列西服、夹克、休闲装、衬衫、T 恤等 200 多万套，其中高档西服 20 多万套。

第二类企业：

浙江本地的服装企业，这部分企业大部分不适合办理保兑仓，因为这类企业多采取自营模式，自己直接在各地商场建立直营店，如雅戈尔集团。

雅戈尔集团经过近 30 年的发展，逐步确立了以品牌服装、地产开发、股权投资三大产业为主体，多元并进、专业化发展的经营格局，成为拥有员工 5 万余人的大型跨国集团公司，旗下的雅戈尔集团股份有限公司为上市公司。

2011 年，集团实现销售收入 214 亿元，利润总额 23.69 亿元，出口创汇 7.7 亿美元，实现税收 14.8 亿元。品牌服装是雅戈尔集团的基础产业，从单一的生产加工起步，经过不断努力，迄今已经形成了以品牌服装经营为龙头的纺织服装垂直产业链。

【案例 1】 中国华尔康集团保兑仓

（一）企业基本情况

中国华尔康集团是全国无区域性企业集团，注册资金 8 000 万元，是一家以虚拟生产、经营休闲服饰为主导产业的特许经营多元化企业，也是国内较早从事休闲服装生产、加盟连锁、品牌经营专业的特许企业之一。集团现拥有两大品牌（华尔康、棵棵树）、三大生产基地（广东中山、浙江平湖、上海）、五家全资公司、十家分公司，国内连锁网点总计 1 500 余家，全系统为社会创造就业岗位达 12 000 余个。

（二）银行切入点分析

服装制造类企业是非常好的渠道类客户，下游有大量的渠道商，银行可以营销保兑仓业务。由于下游有部分个体工商户，所以应当采取两种保兑仓模式：第一种，法人形式的企业，采取提供银行承兑汇票模式；第二种，以个体户形式存在的企业，可以采取提供个人助业贷款方式。

（三）银企合作情况

华尔康集团启动“三三”工程，在接下来的三年，力争实现每年保持50%以上的增长，集团销售额达到30亿元。华尔康与银行达成战略合作协议。作为银行系统全国首家实施中小企业“龙舟计划”的战略合作企业，银行安排2亿元专项资金对华尔康代理商进行集中授信，由华尔康提供担保，为代理商打开融资大门，解决资金制约发展。11个区域代理商获得了首期授信，授信额度在500万~800万元。

【案例2】 背靠背体育用品公司模式

（一）企业基本情况

背靠背体育用品有限公司是中国领先的运动用品公司之一，主要从事设计、开发、制造、分销及推广背靠背品牌的运动产品，包括运动鞋类、服装及配饰。背靠背在全国的销售网点数目已达到6 206个。背靠背体育在香港联交所主板上市。

（二）银行切入点分析

银行营销目标客户——背靠背体育用品有限公司，银行给背靠背体育用品有限公司核定3亿元回购担保额度，用于给背靠背体育用品有限公司的总代理商提供担保，要求经销商交存不低于50%的保证金。

这些区域总代理商普遍实力较强，在下游发展了较多的二级经销商。

（三）银企合作情况

银行吸收存款超过3亿元，发展了超过26家银行背靠背体育用品有限公司区域总代理商，银行同时争取了代发工资约1 200万元，沉淀储蓄存款超过800万元。

【案例3】 李宁体育用品有限公司供应链金融

（一）企业基本情况

李宁体育用品有限公司为中国领先的体育核心厂商之一，拥有品牌营销、研发、设计、制造、经销及零售能力，产品主要包括李宁品牌之运动及休闲鞋类、服装、配件和器材产品。集团主要采用外包生产和特许分销商模式，已于中国建立庞大供应链管理体系以及分销和零售网络，并自行经营李宁品牌零售店。作为第一大体育用品民族核心厂商，李宁体育用品有限公司携手其上下游数百家供应商与经销商，实现了规模的不断扩大与业绩的持续攀升。公司销售收入年均复合增长率超过35%，突破80亿元关口，净利润年均复合增长率超过50%，达到9.4亿元。

（二）银行切入点分析

业绩提升的最大挑战来自于对整个供应链的整合和管理。由于核心厂商上下游公司——经销商重业务、轻资产的特点，注定了其在传统的银行信贷模式下难以获取资金支持，无法持续配合核心企业进行战略扩张。如何解决供应链中众多中小企业的融资瓶颈，是李宁公司，也是诸多处于供应链核心位置的企业不得不面对的问题。

（三）银企合作情况

经过深思熟虑，李宁公司最终选择了渣打银行的“供应链融资”解决方案。双方就供应链融资方案达成一致并开始推动项目的具体实施。李宁公司实现了借助渣打银行为其供应商和经销商提供增值服务的目标，并使得自身的资金流变得更加有规律，在减少支付压力的同时，扩大了公司的生产和销售。公司的财务指标不断优化，而合作伙伴业绩也实现了持续增长——李宁公司及其上下游配套的中小企业成功地开创了共赢的局面。与此同时，渣打银行也依托李宁公司对自身供应链的强大的筛选和过滤作用，开发了一批新的优质客户群体，培养出一批处于成长期的优质中小企业，极大地助力了银行改变传统的依赖大客户的局面，进一步提高了银行中间业务收入。

注：以上案例选自渣打银行网站。

十八、制药保兑仓

【产品定义】

制药保兑仓是指以银行信用为载体，制药企业以银行承兑汇票为结算支付工具，由银行控制货权，制药企业（或仓储方）受托保管货物并对承兑汇票保证金以外敞口金额部分由制药企业以货物回购或退款承诺作为担保措施，药品经销商随缴保证金随提货。

【行业概况】

国内的特大型制药企业一般都在各地设立自己控制的专业销售子公司和关系密切的经销商，这些子公司由于从股权上被特大型制药企业控制，或经销商与制药企业关系密切，制药企业的产品畅销，所以特大型制药企业一般都愿意给这些销售子公司在银行获得的授信提供回购担保，而专业销售子公司和经销商也愿意提供一定的预付款融资。

【适用客户】

北京同仁堂有限公司、武汉马应龙药业有限公司、石药集团等。

【营销建议】

制药产业链非常整齐、完整，从制药企业，到下游的药品经销商，再到二级分销商，然后到医院。整个产业链呈现制药企业强、医院强，而中间流通环节弱的特点。在制药企业和药品经销商环节，非常适合营销保兑仓业务；在药品经销商和医院环节，非常适合营销保理业务。

【案例】　华康药业集团康宁制药股份有限公司保兑仓

（一）企业基本情况

A. 厂商介绍

华康药业集团康宁制药股份有限公司已从单一品种剂型，发展成为多品种、多剂型、医药原料和制剂并重的综合性制药企业，主要生产经营注射剂、口服液、片剂、胶囊剂、颗粒剂、冻干粉针剂等 20 多个剂型、300 多个规格品种，形成了丰富的产品阵容，拥有亿元以上的品种 4 个，千万元以上的品种 12 个。“康宁”品牌被国家工商总局认定为“中国驰名商标”。康宁品牌价值为 40.03 亿元人民币。××年，公司实现主营业务收入 17.69 亿元，同比增长 175.24%；主营业务利润 8.27 亿元，同比增长 216.19%；利润总额 25 256 万元，同比增长 566.51%；净利润 14 514 万元，同比增长 443.70%。

B. 经销商情况

1. 辽宁康宁医药商贸有限公司注册资本 660 万元，经营范围：中成药、化学药制剂、抗生素、生化药品、生物制品批发及零售。

公司总资产 58 389 519.94 元，负债总额 51 779 935.05 元，净资产 6 609 584.89 元，净利润 37 695.71 元。

2. 华康药业集团世一堂百川医药商贸有限公司注册资本 4 420 万元，经营范围：中成药、中药材、中药饮片、化学药制剂、化学原料药、抗生素、生化药品、生物制品、精神类药品、疫苗的批发；医疗器械销售；医用高分子材料及制品；普通诊察器械；物理治疗及康复设备；临床检验分析仪器；保健食品销售。一般经营项目：日用百货的销售。

公司总资产 135 114 690.34 元，负债总额 59 785 390.96 元，净资产

75 329 299.38元，净利润10 763 500.71 元。

3. 安徽康宁万森医药有限公司注册资本960万元，经营范围：中成药、化学药制剂、化学原料药、抗生素、生化药品、生物制品批发、医疗器械、保健食品销售，中介服务，技术服务，信息咨询，仓储租赁业务。

公司总资产64 198 143.66 元，负债总额56 968 461.47 元，净资产7 229 682.19元，净利润40 188.03 元。

（二）银行切入点分析

以上三家医药销售公司均为华康药业集团康宁制药股份有限公司的参股子公司，华康药业集团康宁制药股份有限公司对这些医药销售公司有着较好的控制力。为了促进产品销售，化解经营风险，该公司愿意对参股子公司在银行申请开具银行承兑汇票承担保证金之外的连带保证责任。

（三）银企合作情况

辽宁康宁医药商贸有限公司在兴业银行沈阳分行申请开具银行承兑汇票肆仟万元（4 000 万元），华康药业为其担保贰仟万元（2 000 万元），累计为其担保（含本次担保）金额为叁仟万元（3 000 万元）。

华康药业集团世一堂百川医药商贸有限公司在广发银行安阳分行申请办理叁仟万元（3 000 万元）的保兑仓业务，华康药业为其担保壹仟伍佰万元（1 500 万元），累计为其担保（含本次担保）金额为壹仟伍佰万元（1 500 万元）。

安徽康宁万森医药有限公司在交通银行安徽分行申请办理贰仟万元（2 000万元）的保兑仓业务，华康药业为其担保壹仟贰佰万元（1 200 万元），累计为其担保（含本次担保）金额为壹仟贰佰万元（1 200 万元）。

十九、个人助业贷款保兑仓

【产品定义】

个人助业贷款保兑仓是指以银行信用为载体，由银行控制货权，卖方受托保管货物并对银行提供以货物回购或退款承诺作为担保措施，银行根据个体工商户归还贷款金额，通知卖方发送等金额商品。

【行业概况】

在建材销售领域，总代理商（作为卖方）和下游个体工商户（作为买方）；服装销售领域，总代理商（作为卖方）和下游个体工商户（作为买方)；五金器材领域，总代理商（作为卖方）和下游个体工商户（作为买方)；纸品销售领域，总代理商（作为卖方）和下游个体工商户（作为买方)；化肥销售领域，总代理商（作为卖方）和下游个体工商户（作为买方）之间大量存在这类商业模式。

【营销建议】

银行将一些特大型的一级批发商和其下游的个体工商户视为一个整体，进行捆绑营销，实现信贷资金的封闭运行，在银行一家机构体内循环。

银行营销保兑仓的时候最习惯上游是厂商，下游是经销商模式。其实，上游是企业，下游是个体工商户的产业链也非常适合保兑仓。如果下游是个体工商户，将给银行零售信贷业务打开巨大的市场空间，以对公拉动对私，以对私促进对公。

【案例】　北京诺亚纸业物流有限公司核心企业担保项下纸业物流产业链个人助业贷款

（一）企业基本情况

北京诺亚纸业物流有限公司注册资本10 000万元人民币，主要经营业务：销售各种纸张、纸制品及原料。诺亚作为华北地区处于第一位的文化用纸销售商，作为一家纸张分销物流企业，其代理销售的纸张品类是文化、印刷、包装用纸，包括胶版、内纹、轻涂、铜版、白卡等。代理销售主要产品包括APP金东纸业（江苏）有限公司的铜版和胶版；宁波中华纸业有限公司的包装卡纸；APP金华盛纸业（苏州工业园区）有限公司的胶版；大宇制纸的高克重铜版纸；山东太阳纸业股份有限公司的铜版、胶版、卡纸、板纸；山东泉林纸业有限责任公司铜版、胶版；苏州紫兴的铜版纸；山东晨鸣纸业集团股份有限公司的铜版、胶版、轻涂等。上述产品中，铜版、胶版纸主要用于印刷高级书刊杂志的封面、插图、正文、插页、画报、彩色画片、各种精美的商品广告、宣传画、地图、样本、商品包装、彩色商标等。

（二）银行切入点分析

对纸品物流公司而言，上游的造纸企业需要购买纸浆，有些企业还要从植树开始投资，生产周期长，对资金的需求比较大，往往需要纸品物流企业预付部分资金，然后才能供货；同时下游的出版社、印刷企业只有在出版物或者印刷品获得销售回款后，才有能力支付购买纸张的欠款；同时作为纸张物流企业，在正常的经营过程中，还要有相当大的一部分库存，以保证正常的销售供应。一般情况下，一笔销售业务需要三倍于该笔业务的资金支持。

1. 风险控制优势

诺亚制定完善的信用管理制度，监控应收账款，控制应收风险，其中包含长期信用额度审批流程、临时信用额度审批流程、非工作时间发货审批流程、超信用额度审批流程、逾期发货审批流程、逾期账款追收流程等。财务管理模式为集权式管理，实行业务流与现金流相连的管理体系，加强资金管理，严格控制资金使用，根据国家规定和公司实际制定公司内部财务管理制度，如存货管理制度、出入库管理制度、费用报销及审核管理制度等，对公司的整个业务流程进行监控和管理，并定期对执行情况进行检查和分析。

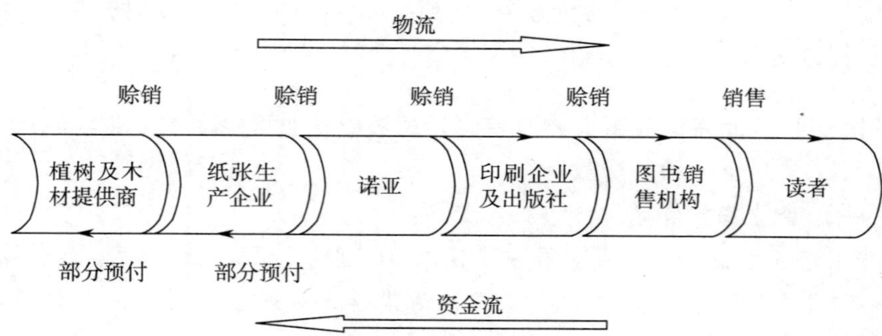

2. 贷后管理优势

诺亚与其下游客户特别是采取贷款方式付款的客户联系紧密，通常情况至少一季度对其下游客户进行拜访、回访等活动，对经常发生业务的1 000余家客户几乎每月都有联系或拜访活动，这样可及时了解其下游客户生产经营状况。诺亚成立专门信用部门，除对客户进行信用评估外，还负责对客户贷后情况进行跟踪，提醒客户按时还款。诺亚具备一套完整、成熟的法律诉讼流程，一旦借款人出现实质性风险，诺亚可利用多种手段在较短时间内实现诉讼及执行程序，确保银行及核心企业资产的安全。

3. 经营模式

(1) 诺亚对上游企业的选择、管理以及结算方式

诺亚在选择合作商时，会对上游供货商进行实际考察和全面的筛选，企业上游供应商均为国内造纸大型企业，产量、销售收入多数排名在前十以内，特别是金东、晨鸣、太阳等均为行业内龙头或优质外资以及上市企业，实力雄厚、信誉良好。公司对每个供应商都有指派的品牌经理负责与供应商进行

协调工作，对纸张的订货、到货、质量等与厂家进行沟通协调。作为华北地区最大的分销商，诺亚对厂家销量有一定的影响，因此各大厂商均积极配合企业与银行寻求三方合作。除厂家直销外，在北京市场上畅销产品的发货以诺亚为主，许多厂商指定诺亚为地区独家代理销售商。

诺亚与厂商合作从上游产品链到资金链均保持良性循环和健康运转，保持紧密的战略合作伙伴关系。其推出的"厂（生产厂家）、商（经销商）、客（客户）、银（银行）"为一体的资本合作模式，把社会信用度高、抗风险能力强的银行加入销售链中，银行信誉在供应链中发挥了重大作用，同时大胆导入信用结算这一金融工具，优化了供应链关系，为日后诺亚的产业化、资本化和信息化夯实了基础。

核心企业对上游客户的结算方式95%为银行承兑汇票，诺亚通过现金及银行承兑汇票的方式全额向造纸厂商付款后，造纸厂商再向其发货。一方面诺亚可按全款支付价格（较赊销价格有较大幅度优惠）进货，进一步降低进货价；另一方面可提高其资金使用效率，扩大进货/销货规模，提高资金流转率。

（2）诺亚对下游企业的选择、管理以及结算方式

下游企业情况分析：企业下游客户主要包括出版社、印刷厂等直接用户以及部分二级分销商、零售商。目前纳入企业客户资源管理系统的在册下游客户数量3 000家左右，其中每月均有交易流水的客户1 200～1 500家，在数量众多下游客户中约70%为直接用户。银行此次申报方案主要是为其下游合作时间长、业务来往多的客户办理个人助业贷款，其中以印刷厂类客户居多，出版社、二级经销商客户相对较少。

诺亚对下游用户的选择原则：大力发展直接用户，优选二级经销商。其中，直接用户多为印刷厂和出版社：①出版社、杂志社在改制前均为国有或集体所有制企业，公司信誉较高，这类用户在转制后依然拥有较强实力和业务发展能力。此类用户用纸频率相对较低，但单笔纸张用量大。根据其营运模式大小，资金周转时间相对较长，资金周转一次约为6个月至12个月左右。②印刷厂多以单个或多个自然人为股东，以独资或股份制为创立方式开办，少部分印刷厂为国有或者集体控股。印刷厂的厂房、印刷设备、电脑设备等固定资产比重较大，通常使用德国海德堡进口印刷机，少部分印刷厂使用小森、三菱等日本品牌印刷机。根据所购买印刷机为新机以及二手机区分，以及二手机器出厂年份的不同，同类印刷机的价格区间较大。一般一台六开

双色或四色的印刷机购置价格为人民币200万~400万元/台，使用较多的四开四色或四开六色的印刷机购置价格为400万~700万元/台，而更高级的六色对开轮转或多色全开的印刷机则在人民币800万元/台以上。一家小型印刷厂通常至少配备2台印刷机以及10人以上的工作人员以满足日常业务需要，公司及个人资产至少在500万元以上，根据业务需求量的不同，年用纸量在500~1 000吨；而中型印刷厂通常至少配备3~4台印刷机并具有四开以上的高级印刷机，公司及个人资产至少在800万元以上，年用纸量可达2 000~5 000吨；相比之下，大型印刷厂则具有数量更多、更先进的印刷机及相关配套设备，公司及个人资产均在1 000万元以上，年用纸量在6 000吨以上。部分印刷厂与银行有抵押贷款的业务往来，但设备更新改造、采购原材料所需资金较大，有一定的资金需求，且客户违约成本高。印刷厂除出现机器设备维修等特殊情况外通常24小时不间断工作，且资金周转相对较快。通常情况下印刷厂从接单到印制、装订出厂约为半个月至一个月左右，如遇大印量订单则需要两个月甚至更长时间。故印刷厂对于纸张需求时间更紧凑，需要在极短的时间内购进纸张并以最快速度印刷出成品并交付给客户。通常情况下印刷厂的毛利率在20%左右，受市场大环境、企业内部管理水平、营运成本控制等诸多方面影响，印刷厂实际净收益率在10%~20%。上述两类客户的账期相应较二级经销商长，这种销售结构的调整也导致诺亚应收账款规模的增加，但经过几年的持续经营，诺亚已基本完成对下游客户的梳理，客户群体虽然大，但应收款风险不集中。

4. 客户管理情况

诺亚专门成立了信用服务部，由对市场有很好的了解，且对财务、金融知识丰富的人员组成。信用服务部的主要职责是对客户的资料进行整理分析，进而对客户作信用评估、确定授信额度，出现账款问题时，及时采取措施处理该问题。

①销售前期：

第一步：诺亚的业务员在增加新客户时，必须提交客户的相关资料和客户情况调查表（相关资料包括营业执照副本复印件、税务登记证复印件、法人代码证复印件、法人身份证复印件；客户情况调查表的内容包括客户相关机器状况、人员状况、用纸状况），公司据此对企业有一个还款能力上的基本判断。

第二步：公司信用服务部人员实地拜访客户，与客户进行直接沟通，具体了解客户的需求，同时考察客户工厂实际情况，如运转秩序、机器状况、库存情况等，进一步对企业的还款能力进行考察。

第三步：业务员与客户交易一段时间后，视客户的具体情况可以为客户向公司申请长期信用额度与信用账期。业务员与客户协商，确定合适的信用额度与账期，业务员填写授信责任书，提交公司信用服务部审批；诺亚考查审批后，授权业务员代表公司与客户签订《年度供货协议》，保障双方利益；同时客户需向公司提供相应的担保，担保形式可以是抵押物担保，也可以是客户单位负责人个人信用担保。抵押物担保方面，诺亚与相关担保公司可以提供系列担保方式与服务；信用担保方面可以由客户相关负责人与诺亚签订《保证合同》。至于是采取抵押物担保方式还是采取信用担保方式，由客户选择决定。

②销售中期：

每笔业务均与客户签订正式的《订货合同》，订单中心派专人负责客户的出单、出库、运输安排等。对于客户的交易过程，由信用服务部全程监控，对于有超期、超额情况的客户，及时沟通，保证客户的应收账款控制在合理的范围内。实行24小时发货权由公司统一管理、统一发货、统一配送，避免因货物的发送出现差错，避免账款回收时不必要的纠纷。

③销售后期：

对于超过期限没有回款或回款不足的客户，业务员提报问题客户预警申报表，及时上报公司。公司按照应收账款拖欠客户处理方案流程进行分析，对不同阶段的客户采取不同的相应措施。对于已经形成呆、坏账的客户，及时采取相应的措施。

5. 结算方式

诺亚订购销售的基本流程为：

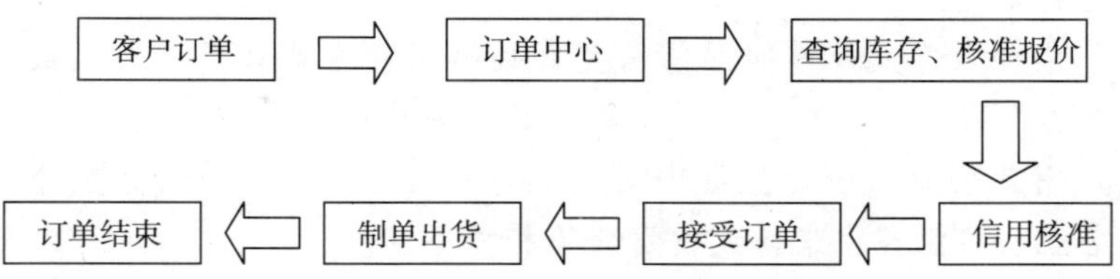

对于下游客户按销售渠道进行划分，主要分为经销商渠道、综合用纸渠道、出版及文化渠道、印刷渠道、大客户部。结算期限分为预付款、现款和账期三种，账期从30天到90天不等，针对不同的渠道制定不同的销售政策，结算方式主要以支票、现金为主，汇票及银行承兑为辅。支票占60%，电汇20%，银行承兑17%，现金3%。经销商渠道客户一般为公司长期客户，自公司成立以来一直进行交易；印刷渠道客户主要为印刷厂等；出版及文化渠道以直接出版社、杂志社、广告公司、出版公司等直接客户为主；综合用纸渠道主要以包装用纸客户为主；大客户部主要是大型出版集团或出版社。公司的销售客户相对比较稳定，一般都是长期合作客户，目前公司以大客户等直接用户为主要开发对象。

诺亚对下游客户信用管理流程为：

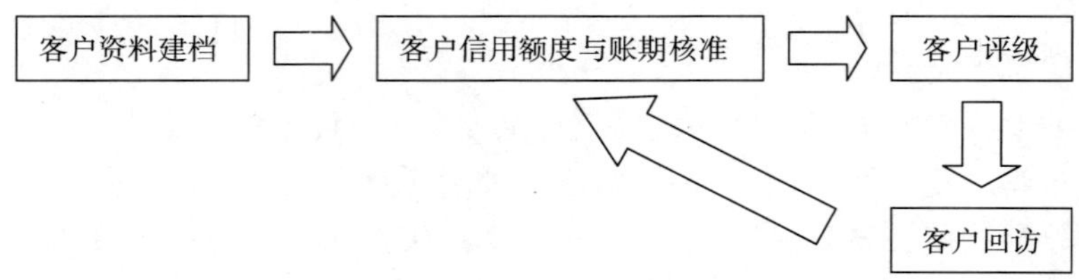

（三）银企合作情况

A. 业务方案

1. 业务种类：个人助业贷款。

2. 担保方：北京诺亚纸业物流有限公司。

3. 贷款用途：借款人用于向北京诺亚纸业物流有限公司购买纸张及纸产品。

4. 授信规模：1亿元人民币。

5. 借款人条件：借款人除满足银行《个人助业贷款管理办法》的借款人条件外还需满足：

（1）借款人本人及其配偶信用良好且为用款企业法定代表人或占股比例最高的自然人股东，具有三年以上相关行业的从业经验；

（2）用款企业与核心企业建立合作关系至少三年以上，用款企业需提供与核心企业以往业务往来协议或发票等相关凭证。

6. 授信方式及期限：

采用“单笔贷款”方式对借款进行授信，即贷款人对符合贷款条件的借款人一次性或分次发放和收回的贷款。授信金额不得超过借款人与核心企业之间购销合同总价款，且不高于房产评估公司对借款人抵押给核心企业房产作出评估价格的130%。授信期限一年（含）以内。

7. 授信金额、定价以及还款方式：

（1）单一借款人授信额度为人民币10万（含）~1 000万元（含）；

（2）原则上贷款利率在人民银行同档次基准利率基础上上浮10%，对于银行认定的特别优质的客户贷款利率在人民银行同档次基准利率基础上上浮5%；

（3）还款方式包括按月等额、按月等本、先一至六个月还息后等额/等本还款、按月还息一次还本方式。

8. 担保方式、保证金比例：

由北京诺亚纸业物流有限公司为借款人承担全程连带责任担保。保证金比例10%，北京诺亚纸业物流有限公司逐笔向银行出具担保确认函并按借款人贷款金额10%逐笔计提保证金存入其在银行开立保证金账户，借款人将自有以及用款企业名下住房、商用房、商铺、写字楼抵押给北京诺亚纸业物流有限公司作为反担保物。

9. 资产保全措施：

一旦借款人出现逾期未还款（本金及利息）现象：

（1）由核心企业自有资金按逾期借款人欠款本息金额进行全额垫付，直至该笔贷款状态恢复正常或结清。

（2）以核心企业在银行存入保证金对逾期借款人欠款本息金额进行全额垫付，直至该笔贷款状态恢复正常或结清。并要求核心企业在扣划其保证金后5个工作日内补足保证金，如核心企业未按要求补足保证金，银行可宣布由银行发放的由其担保的个人助业贷款全部提前到期收回。

（3）如借款人在贷款存续期内连续两个月出现逾期还款情况或累计四次出现逾期还款现象，银行有权宣布该笔贷款提前到期收回。如借款人在银行宣布贷款提前到期后5个工作日内未能结清该笔贷款，须由核心企业对该笔贷款的本金及利息进行清偿；如核心企业未履行该义务，银行有权扣划核心企业在银行存入的保证金，并对借款人在核心企业抵押的反担保物进行处置，核心企业同意放弃要求银行首先处置抵押物的抗辩权。

（4）如在一个自然月内有30%及以上的核心企业担保的客户在当月出现

过逾期还款情况，银行有权要求核心企业担保的所有客户贷款提前到期。如借款人在银行宣布贷款提前到期后5个工作日内未能结清该笔贷款，须由核心企业对该笔贷款的本金及利息进行清偿；如核心企业未履行该义务银行有权扣划核心企业在银行存入的保证金，并对借款人在核心企业抵押的反担保物进行处置，核心企业同意放弃要求银行首先处置抵押物的抗辩权。

（5）如出现核心企业未按要求补足保证金或未在规定时间内对借款人欠款进行全额垫款，银行可依照协议对借款人以及核心企业同时进行诉讼处理，并直接处理借款人在核心企业处的反担保物（在与核心企业签订的合作协议中，要约定核心企业对银行首先处置抵押物放弃抗辩权。）

10. 贷款流程：

客户提供其个人资料、用款企业经营状况资料以及与诺亚签订购销合同等相关资料，银行在审定个贷客户资质后出具批贷函；客户将其房产抵押给核心企业并由该公司承担连带担保责任；核心企业向银行出具保证函，并按贷款金额10%在银行开立的保证金账户存入保证金。银行在确认上述两项担保措施落实后，发放个人助业贷款，并将款项按照客户与核心企业签订购销合同直接打入核心企业结算账户。

11. 风险防范措施：

（1）产业链核心企业的选择

本次银行选择的是在北京地区文化用纸张及纸产品物流行业中占有绝对优势地位的北京诺亚纸业物流有限公司作为担保授信对象。该公司除具有国内外知名纸产品制造商在北京地区重要的销售份额外，还拥有与其长期合作的包括印刷、出版以及二级分销在内的数千家下游公司。该公司营运规模、盈利水平等诸多方面均符合其在该产业链中的核心企业地位。

（2）贷款用途的监控

本方案主要为产业链中核心企业的下游企业向核心企业购买纸张及纸产品提供融资贷款需求，贷款资金由银行按照借款人与核心企业之间合同约定直接汇入核心企业银行账户，贷款资金得到有效监控，且贷款用途真实有效。

（3）贷款担保管理

①本方案项下发放的个人助业贷款均由核心企业进行全程连带责任担保。一旦借款人出现逾期还款等违约情况，须由核心企业首先对贷款本金及利息进行全额偿还。

②核心企业在银行按贷款发放额的10%逐笔计提保证金，如核心企业短时间无法垫付欠款，可用保证金予以垫付。

③借款人将其个人或用款企业名下的住宅、商用房、写字楼抵押给核心企业作为反担保措施，由银行资产监控中心牵头、经办支行配合，监督核心企业在贷款发放后一个月内（带土地证的抵押物两个月内）办妥抵押登记手续，将他项权利证书交银行验证并归档复印件。一旦借款人出现逾期欠款，而核心企业因各种原因无法履行其担保责任时，银行可将借款人及核心企业同时起诉，并由银行直接处理借款人抵押给核心企业的房产用于偿还欠款。

（4）贷后管理措施

a. 密切关注纸张及纸产品行业变化，及时了解出版、印刷业市场动态，及时预警行业系统性风险。

b. 按季度对核心企业及本方案项下发放的个人助业贷款进行贷后管理，包括收集财务报表、账务流水，检查企业生产运营以及库存情况，打印核心企业及借款人人民银行征信记录。

c. 风险预警及控制

①如借款人出现未按期偿还利息及本金情况，银行可依照协议要求核心企业偿还当期欠款本息，也可扣划其在银行存入的保证金偿还借款人贷款本息，并要求其在5个工作日内补足保证金；如核心企业未能按期补足保证金或未偿还欠款本息，银行可宣布银行发放的由其担保的个人助业贷款提前到期收回。

②如借款人在贷款存续期内连续两个月出现逾期还款情况或累计四次出现逾期还款现象银行有权宣布该笔贷款提前到期收回；如在一个自然月内有30%及以上的核心企业担保的客户在当月出现过逾期还款情况，银行有权要求核心企业担保的所有客户贷款提前到期。

③贷款发放后如核心企业未按时将抵押物他项权利证交银行验证，银行有权将本笔贷款宣布提前到期，要求借款人偿还全部贷款本息，如借款人不予配合，银行要求核心企业履行担保责任。

12. 收益分析：

（1）对于银行，以发放个人助业贷款1亿元计算：

①发放个人助业贷款1亿元，按照目前1年期人民银行基准利率计算一年可带给银行531万元利息收入。

②因贷款发放后直接打入核心企业在银行结算账户，可为银行带来1亿元人民币对公存款总进款量，预计可形成2 000万~3 000万元的对公存款沉淀。

③拉近银行与核心企业关系，在建立一定的合作基础后一方面可与该企业发展对公承兑汇票业务，另一方面可借此机会大力发展对私代发工资、信用卡以及VIP储蓄理财业务。

④借款人大多为公司高管，多数均符合银行VIP标准，部分客户可达到银行财富客户标准，银行可借此机会发展VIP、储蓄、理财及财富客户业务。另外可加强对借款人所在公司营销，实现代发工资、信用卡等业务的全面发展。

（2）对于核心企业：

①可有效提高其资金使用效率，实现应收账款的快速回笼，提高其现金充足水平。

②更进一步地巩固其下游客户的业务关系，由原先对其下游客户相对被动的局面转变成与下游客户关系对等甚至占有一定优势的局面。

（3）对于使用该方案办理助业贷款客户：

①如采用传统赊销模式，根据赊销时间，下游用纸企业进纸价格将高于全额付款价格，如采用此方案则可以较低的全额付款价格进纸，节约生产成本。

②用款企业可避免因采用中小企业对公授信方式申请对公贷款带来的授信审批时间长、审批困难大等多方面不利原因。采用本方案模式，以个人方式办理的贷款仅用于公司短时间营运资金周转，方便快捷，且时间成本、资金成本均较小。

综上所述，银行与北京诺亚纸业物流有限公司合作开展核心企业担保项下产业链模式个人助业贷款业务风险可控，可实现多种业务的共同发展，效益可观并具有良好的发展前景。故银行申请本方案项下个人助业贷款业务，总额度不超过1亿元人民币，业务开展有效期为1年。

B. 业务方案操作细则

（一）重点调查和审查内容

1. 调查借款人偿还贷款本息的能力。

（1）核查借款人以及用款企业提供的第一还款来源。除提供用款企业的企业营业执照、章程、组织机构代码、税务登记证、企业一年以上财务报表外，还需提供个人或企业至少连续6个月的主要结算银行往来记录等能够客观反映企业经营状况的资料。如企业已办理贷款卡的，需要提供贷款卡及密码。

（2）审核借款人及其家庭的资产情况，通过借款人提供的其他资产证明（存单、房屋产权证、车辆行驶证等）来判断借款人还款能力。

2. 核查借款人及用款企业的信用记录。通过中国人民银行贷款卡、个人信用信息基础数据库信息系统以及银行CECM系统查询借款人及企业法定代表人信用情况。

（二）审查审批标准

1. 审查借款人第一还款来源。借款人提供借款人本人、配偶或用款企业至少连续6个月的主要结算银行往来记录或用款企业连续3年财务报表等能够客观反映企业经营状况的资料。所提供的银行往来记录或其他能够客观反映企业经营状况的材料中，连续6个月进账总额不低于借款人申请的贷款金额。

2. 借款人条件。借款人除满足银行《个人助业贷款管理办法》的借款人条件外还需满足：

（1）借款人本人及其配偶信用良好且为用款企业法定代表人或占股比例最高的自然人股东，具有3年以上相关行业的从业经验；

（2）用款企业与核心企业建立合作关系至少3年以上，用款企业需提供与核心企业以往业务往来协议或发票等相关凭证。

3. 借款人及用款企业信用状况。个人信用记录参照最近两年信用情况，如有以下情况之一，银行不得发放任何贷款（有特殊情况说明的除外）。

（1）现有贷款状态为逾期；

（2）近两年内有连续逾期90天以上不良记录，或累计逾期记录超过6次；

（3）信用卡有恶意透支［信用卡账户为非正常状态，且欠款金额在3 000元人民币以上（含）］。

如企业办理贷款卡并从人民银行信用系统中发现有以下情况之一，则银行不得发放任何贷款（有特殊情况说明的除外）。

（1）贷款卡内记载信息有不良信用记录的；

（2）在银行已有对公授信业务且尚未结清的，或为银行对公条线退出的低质量客户。

（三）具体业务处理流程

在取得银行关于批量政策例外的正式批复后，按下列业务处理程序受理业务：

1. 贷款受理

借款人向核心企业提出用款申请，并由核心企业对借款人及用款企业进行初步调查。

核心企业对借款人完成初步调查后借款人向贷款人提交下列材料并签署相关文本。

（1）按银行要求填写完成的贷款申请表，其中包含借款人基本情况、收支情况、资产情况、贷款申请等要素的贷款申请及面谈记录表；

（2）按本方案以及《××银行个人助业贷款管理办法》、《授信风险管理操作手册——对私分册》的要求提供相应材料，并签署相关文本。

（3）借款人提供年度供货协议等与核心企业签订的有关纸产品购销合同，以确定其贷款用途和贷款金额。

（4）核心企业向贷款人出具担保承诺函确认其准备为该客户进行推荐和担保。

（5）支行个贷经理进行贷前调查、面谈、面签工作，并向在银行准入范围内的评估公司进行评估及询价，确定借款人抵押给核心企业的反担保物评估价值范围。

2. 贷款审查和审批

客户经理经过贷前调查和风险分析，在个贷系统内录入贷款申请信息及个人贷款业务调查表，签署明确意见，并须经经营单位负责人审核同意后提交零售授信中心审查审批。对相关内容的审批参照本方案审查审批标准执行。

3. 贷款发放

（1）审批通过后，贷款人与借款人、担保人签订相关贷款合同、抵押合同、担保合同等相关法律合同文本，并落实相关贷款条件。

（2）核心企业向贷款人出具放款确认函，确认核心企业为借款人提供全程担保。

(3) 银行根据“受托支付”原则按照借款人与核心企业签订的供货协议等文本合同将发放的贷款划入核心企业认可的银行账户。

二十、机械设备保兑仓（买方信贷）

【产品定义】

机械设备保兑仓是指以银行信用为载体，由银行对买方提供定向中长期贷款，贷款封闭用于向机械设备厂商支付货款，机械设备厂商向银行提供二手设备确定购买承诺作为担保措施，银行向机械设备制造企业产业链提供。

【行业概况】

国内机械设备企业众多，机械设备大多单体金额较大，属于固定资产投资，买方一般采取分期付款方式。机械设备制造企业为了快速回笼资金，一般需要银行对买方提供买方信贷，从而实现货款的快速回流。

【适用客户】

陶瓷生产设备：科达机电。

煤炭机械设备：太原重工、郑煤机、林州重机。

【营销建议】

这类商业模式的公司较多，通常核心企业是一个特大型的机械设备制造类企业，而下游是中小型的设备需求企业，例如三一重型机械装备有限公司，下游为中小煤矿企业；银行的营销出发点，应当是如何帮助这类制造类企业促进产品的销售。

【案例】　西安宏达力股份有限公司设备买方信贷整体解决方案

（一）企业基本情况

西安宏达力股份有限公司（以下简称西安宏达力）属于宏达集团的主体精良资产，是以宏达集团生产经营主体和精良资产为依托，以陕西鼓风机（集团）有限公司为主发起人，联合西安市蓝溪控制系统工程有限责任公司、西安市秦宝物资有限责任公司、陕西巨川实业有限责任公司、西安港湾工贸实业总公司4家发起人共同发起设立的股份有限公司。公司实际控制人是西安市人民政府国有资产监督管理委员会。

西安宏达力注册资本145 535 700元人民币，在上海证券交易所成功上市，发行股份后股份总数为1 092 513 489股，其中宏达集团持股61.574%。

总资产 1 156 298.66 万元，实现主营收入 328 547.62 万元，净利润 56 209.19 万元。

西安宏达力是重大装备制造行业的龙头企业和工业行业排头兵企业，下属公司有备件制造公司、骊山风机厂、低速风机公司、低速风机厂、华清机械厂、风机安装公司，是为冶金、石化、电力、环保、制药等国民经济的支柱产业提供透平机械系统问题解决方案及系统服务的大型制造商、集成商和服务商。

（二）银行切入点分析

现西安宏达力在陕西省内银行授信约 200 亿元，但该企业自身直接融资需求较少。企业对上游客户处于强势地位，通常在对下游客户的销售收入实现之后才对上游付款，付款期限较长且不占用自有资金，因此在银行提款较少。目前在银行有 3.7 亿元项目贷款额度，担保方式为信用，仅使用 1 000 万元并已提前结清，几乎没有存款沉淀。西安宏达力是银行一直以来积极营销的重点优质客户。

银行合作对象主要针对该客户的下游企业。西安宏达力针对下游公司主要采取直接销售方式。在销售过程中，由销售人员负责，工程技术人员配合，与客户进行技术交流、合同洽谈与签订。客户根据合同进展状况，按一定比例向公司支付预付款、进度款、提货款和质量保证金。

国内机械设备行业中，设备采购属固定资产投资，投资回收期一般较长，对大部分中小设备购买方而言，一次性支付货款存在资金压力较大，分期付款成为机械设备市场普遍采用的方式。

西安宏达力向下游客户以签订产品销售金融合作协议的方式销售产品。该方式具体流程为：购货方购买产品，向西安宏达力首付产品总价一定比例的货款，并以该产品为抵押向银行申请不超过所购产品总价一定比例的贷款专项用于向公司支付产品货款。银行向购货方发放的贷款实行专款专用，封闭运行。购货方按季还本付息，当购货方到期未清偿贷款本息，除银行有权单方面终止借款合同并要求购货方提前偿还全部贷款本息外，银行有权按照与购货方签订的抵押合同及银行与西安宏达力签订的协议要求购货方将抵押物（即设备）折价转让给西安宏达力，购货方无条件同意西安宏达力直接将抵押物折价转让价款交付银行以抵偿购货方拖欠的借款本息。

西安宏达力本身财务情况良好，货币资金量大，资金需求量较小，其下游客户资金需求量较大。通过买方信贷业务，既能缓解设备制造核心企业自身的资金压力，提前实现销售收入，减少应收账款，从而改善财务报表，又能使其通过银行平台有效避免部分下游客户到期拖延支付货款的行为。因此该客户对此项业务模式需求较大。

客户按照上述销售方式累计在某银行贷款达3.5亿元，贷款期限均为2年。购货方均按时归还银行贷款，未发生客户违约需西安宏达力购回设备并偿还银行贷款的情况。

（三）银企合作情况

西安宏达力作为国内风机的领头羊，一直以来是银行积极营销的对象，但由于该公司自身直接融资的需求较少，且当地银行都已给予其较大规模的信贷支持，银行至今尚未成功介入。目前，根据该公司的实际需求，通过国内买方信贷业务平台，将使银行与西安宏达力的业务合作瓶颈得到突破。

设备买方信贷业务模式：以大中型设备制造企业为核心，在核心企业与设备购买商签订购销合同后，银行依据核心企业与设备购买商的申请贷款给设备购买商，专项用于设备购买商向核心企业支付购销合同项下货款的融资服务。

A. 借款人准入标准

1. 借款人应符合银行企业法人授信业务客户基本条件，授信用途应符合国家法律、法规及有关政策规定；

2. 借款人向西安宏达力购买风机设备，并已支付40%～60%的设备合同价款；

3. 借款人由西安宏达力推荐，西安宏达力针对其销售的设备承担二手设备回购（本合作方案中称《二手设备买卖合作协议》）；

4. 借款人经营正常，无明显不良影响因素；

5. 借款人管理团队（或实际控制人）品行良好，未发现不良信用记录；

6. 借款人及西安宏达力在银行开立结算账户，用于还本付息及日常结算；

7. 银行规定的其他条件。

B. 方案设计

银行为核心客户西安宏达力核定买方信贷担保额度，设备购买商由西安宏达力提供名单，实行单一额度管理，为其下游设备购买商（借款人）购买宏达设备提供融资。西安宏达力下游企业发生设备买卖需要融资时，直接占用西安宏达力在银行的授信，不需要再上报授信额度。

融资额度为扣除设备已付款部分的剩余款项，融资金额一般在设备合同价款的50%左右。融资期限一般为2年。还款方式为按季等本金还款。

西安宏达力、设备购买商与银行签订三方合作协议。双方在银行开立结算账户，用于设备款项的结算及还本付息。西安宏达力针对每笔贷款在银行存入一定比例的保证金（金额等于第一期还款本息），设备购买商没有按时足额归还银行贷款时，银行将从西安宏达力保证金账户上进行扣款。设备抵押给银行，抵押手续完成后方可放款，且西安宏达力与银行签订《二手设备买卖合作协议》，当保证金不能弥补银行贷款时，西安宏达力将履行二手设备购买义务，将购买款项直接打入设备购买商在银行开立的账户内，用于归还银行贷款的全部本息。

C. 业务操作流程

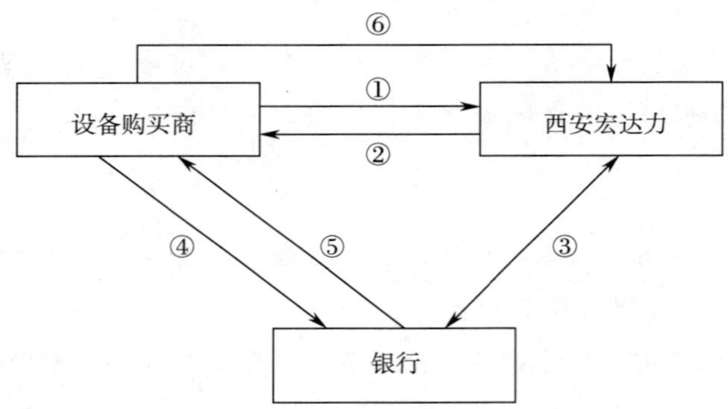

1. 购货商购买西安宏达力设备，签订设备买卖合同，将一定比例的设备款项付至西安宏达力账户内，且西安宏达力进行确认。

2. 西安宏达力向设备购买商提供设备发货安装，开具设备全款发票。

3. 西安宏达力、设备购买方及银行签订三方合作协议、买卖合作协议及委托划款扣划授权书。

4. 购货商将设备抵押给银行，且针对设备购买保险，银行为第一受益人。

银行核查相关放款条件后，对符合条件的借款人提供设备剩余款项（最高不超过其所购设备价款六成）、期限最长不超过2年的国内买方信用贷款。同时银行根据委托划款扣划授权书将贷款从设备购买方账户直接划至西安宏达力在银行开立的账户内，用以支付借款人购买机器设备的货款，专款专用，不得挪用。

5. 贷款原则上采用按季等额还本、按季付息方式归还，借款人按季还款，银行按季扣款解付，直至结清。

6. 一旦设备购买商没有及时足额还款，银行首先将西安宏达力存入的保证金进行还款；如果扣除保证金后设备购买商还是没有按时偿还本息，银行将二手设备买卖通知送达至西安宏达力，西安宏达力按照合作协议中规定的设备买卖价格对设备进行回购，回购款用于归还设备购买商在银行的贷款本息。

D. 涉及的合同及协议

1. 产品销售合同；

2. 三方合作协议；

3. 买卖合作协议。

E. 风险控制措施

1. 西安宏达力经营实力较强，行业地位突出，银行以其作为核心企业对其采购方开展国内买方信贷业务，为核心企业核定授信额度。

2. 对借款人要求一定的准入条件，设备抵押给银行，抵押手续完成后方可放款，且要求客户针对设备购买保险，银行为第一受益人。

3. 要求核心客户存入第一期还款本息的保证金，直到业务结清。

4. 西安宏达力和借款人均在银行开立结算监管账户，银行根据委托划款扣划授权书将贷款从设备购买方结算监管账户直接划至西安宏达力在银行开立的监管账户内，用以支付借款人购买机器设备的货款，专款专用，不得挪用。

5. 核心客户承担二手设备回购。一旦设备购买商没有及时足额还款，银行首先将西安宏达力存入的保证金进行还款，扣除保证金后设备购买商还是没有按时偿还本息，银行将二手设备买卖通知送达至西安宏达力，西安宏达力按照合作协议中规定的设备买卖价格对设备进行回购，回购款用于归还设备购买商在银行的贷款本息。

F. 综合收益分析

1. 由于此类核心企业为各家银行竞争对象，其本身取得融资的成本较低，各家银行对其的贷款利率普遍在基准甚至基准下浮10%的水平，而针对下游的买方信贷业务能将综合收益做到基准利率上浮20%，综合效益明显，部分收益可体现为手续费。

2. 存款沉淀可观：西安宏达力和借款人均在银行开立结算监管账户，借款人将设备款40% ~60%预付款和进度款汇入西安宏达力在银行开立的结算监管账户后，银行将贷款金额又直接从借款人账户直接划入西安宏达力在银行开立的结算监管账户，同时银行还要求西安宏达力在银行开立的账户存入一期本金和利息（相当于保证金）。

3. 通过此整体合作，银行可以有效突破与重点客户的合作瓶颈。银行同时为西安宏达力申请核定1 + N保理额度，形成上下游整体供应链融资体系，构建新的核心企业及上下游客户群。

4. 通过买方信贷模式的合作，银行下一步可与客户进行国际结算等业务的全面合作，从日常结算带动客户存款、中间业务收入的增长，综合收益较高。

第三篇

风险案例

一、风险案例

案例一 包钢股份失败的保兑仓

成也保兑仓，败也保兑仓。包钢股份通过保兑仓大幅提高了销售，但是保兑仓也给其带来了巨大的风险隐患。

广发银行是不幸的，遇上了星空建材这个客户。广发银行又是最幸运的，因为使用了保兑仓，最终可以有惊无险。其他提供银团贷款高达50亿元的银行，将从此陷入泥潭。

保兑仓也不是装进保险箱里的融资产品，同样有着一定的风险，银行必须有较强的管理能力。

2008年10月7日，常熟首家上市公司——中国金属公司高管人员一夜间全部跑路，公司猝然倒下。同年11月，常熟市人民法院受理了中国金属旗下常熟星岛新兴建材公司等5家公司的破产重组申请。

中国金属对外负债超过50亿元，倒下后余波不断。最终，广东发展银行上海分行与包钢股份、包钢华东销售分公司等在上海市高级人民法院对簿公堂。

作为星空公司供应商的包钢股份无奈地在庭上确认，愿意支付星空公司不能给付银行的承兑汇票2.29亿元。

广发银行代理人表示，该行与星空公司、包钢股份签订三方授信协议，约定若星空公司到期不能给付，包钢股份必须立即无条件进行支付。该业务模式实际就是现在较为流行的保兑仓业务模式，银行给经销商办理银行承兑汇票，定向用于向卖家的付款；如果银行承兑汇票到期，经销商未能填满银行承兑汇票敞口，卖家退款兑付银行承兑汇票。

该行涉及星空公司的汇票于2008年7月至11月陆续到期，其中未给付或者给付不足的涉及金额超过2.29亿元。2008年11月下旬，广发银行收到法院关于受理星空公司破产重组申请的通知。该行因此要求包钢股份进行支付。

通过本案例可以看出，保兑仓也并非都是非常安全的，如果经销商出现经营问题，厂商控制不力，保兑仓也会出现风险。

选择实力强大的厂商是控制保兑仓风险的第一关键，经销商必须是成熟的流通型企业，在市场上历练多年，有极强的市场应对能力。

保兑仓讲究经销商必须能够在银行承兑汇票有效期内，迅速填满银行承兑汇票敞口。比如6个月的银行承兑汇票，最好能够在1个月内填满敞口，越快越好，快表现经销商经营能力强大。一旦发现经销商提货能力速度下降，必须保持高度警惕。

案例二　株洲化工集团有限公司与驻马店市湘潇复肥有限公司等保证合同纠纷上诉案

上诉人（原审被告）株洲化工集团有限公司。

法定代表人孙建湘，董事长。

委托代理人吴绍敏，该公司职员。

委托代理人欧阳增铁，湖南福城律师事务所律师。

被上诉人（原审被告）驻马店市湘潇复肥有限公司。

法定代表人李玉杰，董事长。

委托代理人靳焱顺，该公司职员。

委托代理人王红卫，河南宇法律师事务所律师。

被上诉人（原审原告）华信银行股份有限公司郑州分行（原华信实业银行郑州分行）。

代表人窦荣兴，银行行长。

委托代理人李娜、孙淑慧，银行职员。

上诉人株洲化工集团有限公司（以下简称株化集团公司）与被上诉人驻马店市湘潇复肥有限公司（以下简称湘潇公司）、被上诉人华信银行股份有限公司郑州分行（以下简称华信银行郑州分行）因保证合同纠纷一案，华信银行郑州分行于2005年10月9日诉至郑州市中级人民法院，请求判令：（1）湘潇公司支付借款本金1 000万元及利息351 324.52元（暂计至2005年9月21日，以后按日万分之二点二一计至判决确定的付清之日）。（2）株化集团公司对上述款项承担连带清偿责任；湘潇公司和株化集团公司承担本案全部诉讼费用。郑州市中级人民法院于2006年4月4日作出（2005）郑民四初字第181号民事判决，株化集团公司不服，向本院提起上诉，本院于2007年6月25日作出（2006）豫法民二终字第219号民事裁定书，裁定：（1）撤销（2005）郑民四初字第181号民事判决；（2）发还郑州市中级人民法院重新审理。郑州市中级人民法院经重新审理后，于2008年7月12日作出（2007）郑民四初字第108号民事判决。株化集团公司仍不服，于2008年8月8日向本院提起上诉。本院于2008年9月19日受理此案后依法组成合议庭，并于2008年10月21日公开开庭审理了此案。上诉人株化集团公司的委托代理人吴绍敏、欧阳增铁，被上诉人湘潇公司的委托代理人靳焱顺、王红卫，被上诉人华信银行郑州分行的委托代理人李娜、孙淑慧均到庭参加了诉讼。本案现已审理终结。

原审法院经审理查明，2004年5月20日，株化集团公司与华信银行郑州分行签订银保字041023号《最高额保证合同》一份，该合同约定：株化集团公司为湘潇公司提供3 000万元的最高额保证；借款期限自2004年5月20日至2005年5月20日；保证方式为连带责任；保证期间自主债务履行期限届满之日起两年。2004年6月4日，华信银行郑州分行与湘潇公司签订合同编号为（2004）信银行贷字抵041025号的《人民币借款合同》一份。华信银行郑州分行为贷款人，湘潇公司为借款人。该合同约定：贷款金额1 000万元，年率5.31%，贷款期限自2004年6月4日起至2005年6月4日；若湘潇公司未按合同规定的时间还本付息，华信银行郑州分行有权对逾期本金和利息按日万分之二点二一计收罚息。合同还约定了其他条款。同日，华信银行郑州分行转往湘潇公司账户1 000万元。借款到期后，湘潇公司未还本金，利息偿还至2005年3月20日，株化集团公司未履行保证责任。

原审法院认为，2004年6月4日，华信银行郑州分行与湘潇公司签订的借款合同是双方当事人的真实意思表示，内容合法有效。华信银行郑州分行依约履行了贷款义务，湘潇公司在支付了部分利息后，对到期的本金及利息不还，属于违约，应承担相应的违约责任。2004年5月20日，株化集团公司与华信银行郑州分行签订的041023号《最高额保证合同》是其在与湘潇公司有相关业务往来的情况下形成的，应是双方的真实意思表示，湘潇公司对到期的借款本金及利息不还，株化集团公司应依保证合同履行保证责任，其答辩称湘潇公司与华信银行郑州分行经办人为了归还逾期承兑汇票，双方恶意串通以新还旧，骗取株化集团公司为湘潇公司提供最高额贷款保证。签订最高额保证合同不是株化集团公司的真实意思表示的理由，证据不足，其以此为由的请求，不予支持。原审法院依据《中华人民共和国合同法》第二百零五条、第二百零六条，《中华人民共和国担保法》第十八条、第二十一条的规定，判决：（1）湘潇公司于判决生效之日起10日内偿还华信银行郑州分行借款本金1 000万元、利息351 324.52元（利息计算至2005年9月21日，2005

年 9 月 22 日至判决生效之日的利息按中国人民银行同期贷款利息支付)。(2)株化集团公司对前项借款本金及利息承担连带清偿责任。案件受理费 61 767 元、保全费 51 757 元,均由湘潇公司负担。

株化集团公司不服该判决,向本院提起上诉称:原审认定事实错误,株化集团公司对湘潇公司 1 000 万元的借款本金及利息不应承担连带保证责任。因华信银行郑州分行与湘潇公司签订的借款合同约定的借款用途是补充流动资金,但湘潇公司背着株化集团公司违反借款合同的约定,改变贷款用途,将用于流动资金的 1 000 万元借款全部用于归还湘潇公司在华信银行郑州分行 2004 年 6 月到期的承兑汇票中的 1 000 万元,该 1 000 万元贷款是"以新还旧"。且 2004 年 5 月 20 日的《最高额保证合同》是在湘潇公司已无力偿还华信银行郑州分行即将到期的银行承兑汇票的情况下,华信银行郑州分行与湘潇公司串通,以补充流动资金、销售株化集团公司化肥为由骗取株化集团公司为其提供担保。而株化集团公司在《保兑仓业务合作协议》(以下简称保兑仓协议)中,并不是担保人,仅是汇票回购人,且保兑仓协议并未实际履行,该协议条款对任何一方都没有约束力,华信银行郑州分行兑付给湘潇公司的贴现款(旧贷),也不是基于保兑仓协议而兑付的。因此,根据最高人民法院《关于适用〈中华人民共和国担保法〉若干问题的解释》第三十九条的规定,株化集团公司不应承担担保责任。原审认定事实错误,判决不当。请求二审法院撤销一审判决,驳回华信银行郑州分行对株化集团公司的诉讼请求。

华信银行郑州分行答辩称:原审认定事实及处理结果正确,株化集团公司对湘潇公司 1 000 万元的借款本金及利息应承担连带保证责任。因 2004 年 6 月 4 日的 1 000 万元贷款不是"以新还旧"。其理由为:湘潇公司用于归还到期银行承兑汇票的款项实际上都是外部转入的款项,而非华信银行郑州分行 2004 年 6 月 4 日发放的贷款;贷款发放的时间距归还银行承兑汇票的时间(2004 年 6 月 11 日)过长;湘潇公司归还银行承兑汇票的总金额与华信银行郑州分行向其发放的贷款总金额不符;湘潇公司的该 1 000 万元贷款用于正常的经营活动。因此该 1 000 万元贷款并非"以新还旧"。即便真的是"以新还旧",株化集团公司也是明知的,不存在华信银行郑州分行与湘潇公司串通骗取株化集团公司为该 1 000 万元提供担保的情形。因该 1 000 万元发放时,湘潇公司的董事长唐铁春是株化集团公司派去的,株化集团公司对湘潇的经营、借款行为了如指掌,株化集团公司为湘潇公司 1 000 万元贷款提供担保是其真实意思表示，不存在骗保的情形。即便对该1 000万元借款“以新还旧”的用途不明知，株化集团公司也应承担担保责任。因在“旧贷”，即保兑仓协议中株化集团公司也是担保人，该协议已生效，根据最高人民法院《关于适用〈中华人民共和国担保法〉若干问题的解释》第三十九条第二款的规定，新贷与旧贷是同一保证人的，保证人不能免责。因此，株化集团公司应承担该1 000万元的连带保证责任。原审认定事实清楚，适用法律正确，判决结果无误。请求二审法院驳回上诉，维持原判。

湘潇公司答辩称：本案款项的实际使用人是株化集团公司，其应归还该1 000万元款项。因唐铁春曾任株化集团公司的副总，被株化集团公司派往湘潇公司担任董事长。在其任职期间，以湘潇公司名义贷款1 000万元，此款项被转入株化集团公司账户，湘潇公司未用过该款，不应承担还款责任，株化集团公司应承担还款责任。

根据株化集团公司和华信银行郑州分行及湘潇公司的诉辩意见，本院将二审的争议焦点归纳为：2004年6月4日的1 000万元借款是否“以新还旧”，如果是，株化集团公司应否承担该1 000万元的连带担保责任。

本院经审理查明，（1）2003年3月17日，株化集团公司与湘潇公司、华信银行郑州分行签订一份保兑仓协议，该协议第三条约定：湘潇公司根据与株化集团公司签订的《购销合同》。向华信银行郑州分行交存一定比例的保证金，申请开立银行承兑汇票，专项用于向株化集团公司支付货款。株化集团公司凭华信银行郑州分行的正式通知向湘潇公司发货，首次发货价款不超过湘潇公司交存保证金的数额，湘潇公司销售资金应及时补充保证金，华信银行郑州分行累计通知发货的价款不超过保证金账户余额，如此循环往复，直至保证金账户余额达到或超过银行承兑汇票金额。如湘潇公司在承兑汇票到期时未能足额承兑，株化集团公司负责将湘潇公司到期承兑汇票票面金额与华信银行郑州分行出具的提货通知单总金额的差额部分以及由于承兑逾期产生的逾期利息、罚息以现款支付给华信银行郑州分行。第六条银行承兑汇票的到期支付和逾期处理。该条款第二项约定：如银行承兑汇票到期前15天，华信银行郑州分行出具的提货通知单总金额不足银行承兑汇票总金额时，华信银行郑州分行有权向株化集团公司出具书面付款通知书，要求株化集团公司承担连带的付款责任。第三项约定：株化集团公司承担的付款责任为株化集团公司在本合同项下所收到的银行承兑汇票总金额扣除华信银行郑州分行出具的提货通知单总金额以外的余额部分承担连带的、不可撤销的、无条件的付款责任。株化集团公司保证对华信银行郑州分行提出的上述要求绝不以任何理由拒绝，并放弃一切抗辩的权利。如果株化集团公司未能按照华信银行郑州分行的索赔通知要求按时支付到期款项，华信银行郑州分行可按照中国人民银行的逾期贷款利率逐日计收罚息直至株化集团公司付清之日。该协议签订后，华信银行郑州分行自2003年3月18日起至2004年3月1日陆续开出了收款人为株化集团公司的银行承兑汇票20份，总金额达14 645万元。但株化集团公司并未按照保兑仓协议的约定向湘潇公司供货，其将华信银行郑州分行开出的银行承兑汇票均背书转让给了湘潇公司，由湘潇公司贴现使用，湘潇公司也未按照保兑仓协议的约定向株化集团公司购货。截至2004年6月，华信银行郑州分行开出的4 287万元承兑汇票到期。湘潇公司在华信银行郑州分行开立了基本账户和保证金账户，其基本账户号为146427，保证金账户号为001067，银承账户号为000401。（2）2003年3月17日，株化集团公司给华信银行郑州分行出具委托书一份，其内容为：按贵行、湘潇公司及我单位三方签订的保兑仓协议的约定，我单位授权唐铁春同志代表我公司与贵行办理用于承兑汇票与提货通知书的交接工作，贵行将根据协议书开出的银行承兑汇票与提货通知书交付唐铁春本人，并取得唐铁春副总经理本人签字确认以后，视为我公司已经收到并开始履行相关责任。本授权有效期为2003年3月14日至2004年3月14日，如有变更，我公司将书面通知贵行。（3）王强是华信银行郑州分行的工作人员，是办理保兑仓协议中承兑汇票业务的经办人，其在办理承兑汇票期间向湘潇公司李玉杰借款100万元，湘潇公司在其财务上入账。湘潇公司还为王强报销手机一部。（4）株化集团公司提供的华信银行郑州分行出具的基本账户和保证金账户资金往来明细表、转账支票、进账单、保证金存款入账、冻结通知书及华信银行郑州分行内部的特种转账借方、贷方传票等证据显示该1 000万元贷款的资金流向为：2004年6月4日，华信银行郑州分行工作人员王强、李潮帮助湘潇公司从在华信银行郑州分行开户的林州风保钢铁有限公司（以下简称林州风保公司）拆借980万元到湘潇公司的基本账户146427内；同日，该980万元与另一笔20万元合计1 000万元即被华信银行郑州分行冻结，湘潇公司通过转账支票将该1 000万元转至保证金账户001067内。同日，华信银行郑州分行发放1 000万元贷款到湘潇公司的基本账户内，湘潇公司于6月7

日、8 日分别归还林州风保钢铁有限公司 200 万元和 780 万元。6 月 11 日，华信银行郑州分行通过内部特种传票将保证金账户内的 1 000 万元转到湘潇公司的基本账户内，又以内部特种转账传票将该 1 000 万元转至 000401 银行承兑汇票账户内，归还了保兑仓协议中的到期承兑汇票项下的贴现款。（5）2003 年 1 月 1 日，唐铁春与株化集团公司签订中止劳动合同协议，离开该公司，后到湘潇公司就职。2004 年 4 月 20 日，湘潇公司的法定代表人由赵东玲变更为唐铁春，2004 年 7 月 22 日，湘潇公司的法定代表人又变更为李玉杰。其他事实与原审法院查明的基本事实相一致。

案例三 过度举债的核心厂商不可以操作保兑仓

（一）申请人基本情况

申请人是一家从事纸张批发的民营企业，由 4 个自然人股东共同投资设立，实收资本 1 000 万元。公司股东将全部股权转让给王某与冯某两人，其中王某（保兑厂商原在 XM 地区区域销售经理）占股 60%，冯某占股 40%。

申请人从事铜板纸、双胶纸和白卡纸的批发和零售，上游供应商主要为 QL 纸业（保兑厂商）以及 WG 纸业两家公司，其中铜板纸、双胶纸主要向 QL 纸业采购，结算方式为现款提货，厂商收银行承兑汇票（6 个月）；白卡纸主要向 WG 纸业采购，结算方式同样为现款提货，厂商收银行承兑汇票（6 个月）。

公司主要下游客户分别是：某文艺品有限公司，合同金额 536 万元，占比 4.3%；某彩印有限公司，合同金额 414 万元，占比 3.3%；某包装彩印公司，合同金额 383 万元，占比 3.1%。下游客户平均账期 45 天左右，结算方式为现款和银行承兑汇票。

申请人财务情况如下：

财务状况 单位：万元

项目	2009 年 6 月	2008 年	2007 年
总资产	4 087	3 164	2 481
其中：流动资产	4 072	3 146	2 458
货币资金	1 636	923	903
应收账款	1 100	695	556
其他应收款	42	49	246

续表

项目	2009 年 6 月	2008 年	2007 年
存货	802	646	379
固定资产净值	16	18	22
负债合计	1 278	994	936
流动负债	2 009	1 275	994
短期借款及一年内到期的长期借款	300	300	300
应付票据	2 130	970	1 224
应付账款	-356	0	-499
所有者权益合计	2 109	1 888	1 487
实收资本	1 000	1 000	1 000
未分配利润和盈余公积	1 109	888	487
主营业务收入净额	6 354	9 359	5 840
主营业务成本	5 908	8 622	5 449
主营业务利润	446	729	300
利润总额	284	493	234
现金流量			
其中：经营活动现金流净额	584	19	-155
投资活动现金流净额	0.00	0.00	0.00
筹资活动现金流净额	0.00	0.00	300

（二）保兑厂商情况

1. 保兑厂商基本情况

保兑厂商现有职工近万人，下辖 15 个子公司，原为国有企业，改制后为由高管控股的民营企业。

保兑厂商机制纸年生产能力 66.5 万吨，制浆 40 万吨，绿色肥料 60 万吨，是一家以浆纸业为核心，集绿色肥料、生态林业、热电化工、宾馆餐厅于一体的大型多元化企业集团，作为其所在省百强重点企业之一，获得多项荣誉，是当地一家明星企业。

2. 保兑厂商财务情况

QL 公司的财务状况

单位：万元

项目	2009 年 5 月	2008 年	2007 年
总资产	834 051	811 033	696 274
其中：流动资产	257 909	317 019	266 125
货币资金	22 381	29 480	19 002
应收账款	9 011	7 280	6 792
其他应收款	91 958	137 258	99 103
存货	57 258	55 764	50 369
长期投资	93 358	66 525	62 933
固定资产净值	264 336	140 331	88 345
无形资产	120 109	117 440	113 331
负债合计	480 014	475 219	397 105
流动负债	250 125	238 320	205 985
短期借款及一年内到期的长期借款	195 415	187 443	151 525
应付票据	35 400	32 200	39 250
应付账款	9 121	7 653	5 837
长期借款合计	229 610	236 620	190 530
所有者权益合计	350 918	334 065	297 825
实收资本	52 713	52 713	52 713
未分配利润和盈余公积	105 054	92 611	62 041
主营业务收入净额	188 781	428 655	325 471
利润总额	17 454	41 377	29 267
现金流量			
其中：经营活动现金流净额	18 075	34 648	29 192
投资活动现金流净额	－11 946	－56 164	－99 317
筹资活动现金流净额	－13 227	31 994	59 696

（三）授信方案

申请人在银行属于首次授信，申请 2 000 万元银行承兑额度，由 QL 纸业提供保兑仓回购担保。

（四）授信审查对项目风险点的识别与分析

A. 行业风险分析

造纸行业作为高污染的行业，银行信贷政策一直为严格控制。随着国家节能节水以及环保要求越来越高，国内造纸企业的成本压力也越来越大。国内造纸行业经过近年来产能的迅速扩张，市场供需形势以及行业竞争格局都面临着新的转变，企业必须变革竞争战略才能适应新的行业环境，建立起市场竞争优势。

自2009年以来，造纸行业利润出现大幅下降。全国制浆造纸及纸制品业规模以上企业2009年1—8月利税总额为397.31亿元，同比减少7.27%，这主要是由于经济危机导致下游需求减少，产品产销量不足，企业为保证资金流转，大幅降低产品价格实行“去库存化”，从而造成收入减少与毛利率下降，进而导致了利润的大幅下降。行业的不景气，对行业内相关生产、销售企业的经营带来较大压力，特别是产销量规模小，销售地区集中的中小企业，未来发展前景存在较大不确定性。

B. 财务风险分析

1. 授信申请人规模较小、抗风险能力较弱

申请人成立时间不长，作为一家批发零售企业，总体上规模较小，自有资金实力较弱，融资能力有限，整体抗风险能力较弱。

申请人目前用于流动资金周转的现金约2 000万元左右，其中自有资金1 200万元左右，银行授信800万元。由于申请人的下游合作客户规模小，流动资金量小，因此应收账款回款风险较大。

2. 保兑厂商银行负债持续增加、对外担保余额较大

保兑厂商资产规模较大，达83.4亿元，但长短期借款规模较大且呈上升趋势，长短期借款达42.5亿元，资产负债率近60%，存在一定偿债压力。

通过查询贷款卡信息，了解到保兑厂商对外担保余额达51.25亿元，涉及担保企业30余家，对外担保余额已超过公司净资产；被担保企业中除少部分为集团下属企业外，部分被担保单位与保兑厂商并没有直接的业务关系，仅因为担保单位与保兑厂商的领导层关系较为密切而提供担保；保兑厂商在对其经销商提供担保时，多数情况下并没有要求经销商开具的承兑汇票收款人指定为该公司，存在一定管理隐患；保兑厂商对外担保金额过大且存在合理性问题，管理层对出具担保的风险隐患认识不足，未来面临代偿的风险较大。

3. 保兑厂商大额资金被关联企业占用、投资活动现金净流量几年持续为负，公司在建项目较多，未来不确定性因素较多

从保兑厂商其他应收款看，保兑厂商有近9亿元的资金被关联企业占用，存在较大的关联交易风险和资金占用风险；同时保兑厂商连续3年来的投资活动现金流

为大额负值，在建项目较多，未来面临的环保风险、技术风险、市场风险较大。

C. 综合意见

鉴于该授信存在以上问题，加之保兑厂商为异地企业，信息存在诸多不透明问题，经分行风险总监审批，否决了该笔业务。

（五）案例点评

A. 关注行业风险对企业经营的影响

银行信贷业务发展确立了“主动风险管理”原则，在继续坚持以行业为主的信贷投向政策的基础上，取消以往信贷投向政策中对行业的支持、谨慎支持、控制、严格控制四大分类。

各级审查审批人员在具体业务实践中，不能因此而忽视对行业风险的认识，放松警惕，而更应注重对行业整体风险的把握，了解行业发展周期，关注国家产业导向，加强自身对行业风险的理解，提高风险识别能力。只有这样，才能适应新时期银行业务发展和风险管理的高要求，促进银行业务又好又快发展。

B. 对特定授信产品审查，除关注产品自身的特点外，不能放松对授信主体和担保方的偿债能力分析

本次授信方案由于授信申请人规模较小、抗风险能力较差，设计为保兑仓的业务品种与实力较强的厂家捆绑在一起开展链式融资，应该说是一种较好的授信方案，能够在一定程度上缓释授信风险。但由于整个授信方案的风险控制手段主要依赖厂家的回购担保能力，此时对厂家回购担保能力的判断就非常重要。具体到本次授信，保兑厂商不仅存在大量未结清的借款，同时对外担保余额远远超过其净资产，担保能力明显较弱。

C. 充分利用征信系统，降低信息不透明情况发生

由于保兑厂商为异地客户，经办行对其缺乏充分的了解，公开的信息也主要是比较正面的消息，虽然进行了平行作业，但仍然了解不够充分；通过贷款卡查询，审查人员了解保兑厂商除财务报表所反映的信息外，还存在大量对外担保等或有负债，通过进一步查询明细并与企业进一步核实，了解被担保单位包括下属单位、企业的经销商、与实际控制人个人关系较好的其他民营企业，贷款卡信息基本属实，企业对外担保较为庞杂。

客户经理和审查人员在项目调查、审查阶段要通过贷款卡查询以及与金融同业人员沟通了解，全面了解企业的信息，特别是对不利于授信的负面信息，要高度重视，查清原因，分析对银行授信的影响。

二、相关文本

未来提货权融资业务合作协议书
（适用于保兑仓模式）

编号：

甲方（供货商）：
住　　所：
邮政编码：
法定代表人：
电　　话：
传　　真：
基本账户开户行：
账　　号：

乙方（购货商）：
住　　所：
邮政编码：
法定代表人：
电　　话：
传　　真：
基本账户开户行：
账　　号：

丙方：银行____________________
住　　所：
邮政编码：
法定代表人/主要负责人：
电　　话：
传　　真：

鉴于：

甲方与乙方签订购销协议（以下简称购销协议），由乙方购买甲方的货物；丙方与乙方签订了编号为________的融资授信协议（以下简称融资授信协议），由丙方向乙方提供融资授信额度。为保障上述协议的顺利履行，甲、乙、丙三方一致同意合作开展未来提货权融资业务，为明确各方在该业务中的权利和义务，经三方自愿平等协商一致订立本协议，以共同信守。

第一条 本协议中所用术语含义如下

1.1 未来提货权融资业务：在本协议中是指乙方履行前述购销协议存在资金缺口，由丙方在前述融资授信额度内向乙方提供融资，用于弥补该资金缺口，甲方根据约定按丙方指令进行发货的业务。

1.2 保证金：是指在对应的银行承兑汇票项下，乙方向丙方缴存的承兑备付金，丙方据此确定通知甲方向乙方发货的金额。

1.3 发货通知书：是指在乙方申请下，丙方根据乙方缴存保证金或提前清偿融资贷款的数额向甲方开具的甲方凭以发货的凭据。

1.4 购销协议：是指甲方与乙方订立的一个或若干个买卖/购销合同/协议及其附件的统称。甲乙双方应在购销协议中列明本协议的相关内容（包括但不限于编号、名称、融资方式等）。

第二条 合作期限与融资方式

2.1 三方在本协议项下的合作期限（丙方向乙方提供融资额度的有效期限）为____，自____年___月___日至____年___月___日。

2.2 丙方为乙方提供的融资授信可以采用以下所列方式：

2.2.1 丙方为乙方承兑以甲方为收款人的银行承兑汇票，双方另行签订《银行承兑协议》。

2.2.2 丙方发放贷款给乙方专用于购买甲方的货物，以弥补该购销协议项下资金缺口，双方另行签订《借款合同》。

2.2.3 丙方同意的其他方式：______，双方另行签订《______合同》。

2.3 若采用第2.2.1款所列融资授信方式：

2.3.1 甲方在收到银行承兑汇票后给予丙方银行承兑汇票收到确认函（见附件1）。

2.3.2　乙方申请丙方承兑时应当向丙方缴存首笔保证金，首笔保证金最低不少于《银行承兑协议》中约定的比例。

2.3.3　乙方提货时追加的保证金为追加保证金。追加保证金的行为，构成乙方、丙方对《银行承兑协议》中有关保证金条款的自动修改，双方无须另外签订补充协议，也无须乙方特别授权。

2.3.4　银行承兑汇票到期之前，保证金如数存入保证金账户，只进不出，乙方不得动用。

2.4　若采用第2.2.2款所列融资授信方式：

2.4.1　乙方授权丙方直接将所借款项连同乙方自有资金直接付至甲方的账户，甲方在收到相关款项后，应出具收款证明（见附件2）。

2.4.2　乙方应于融资合同项下放款日前将不少于购销协议项下30%的自有资金划入丙方指定账户，乙方按时将该款项划入丙方账户是丙方发放融资合同项下款项的前提条件之一。

2.4.3　如因乙方的自有资金没有到位，导致丙方无法将款项付至甲方账户，不视为丙方违约，甲乙双方之间的纠纷与丙方无关。

2.5　若采用第2.2.3款所列融资授信方式，则视具体业务按照第2.2.1款或第2.2.2款所列融资授信方式相应操作模式进行操作。

第三条　提货

3.1　在乙方向其在丙方开立的保证金账户中存入保证金，或向丙方提前清偿部分融资授信款项本息的情况下，乙方填写提货申请书（见附件3），向丙方提出提取购销协议项下货物的申请。融资方式为银行承兑汇票的，首次保证金可以用于第一次提货。融资方式为借款的，乙方自有资金部分扣除预计到期利息后的金额可用于第一次提货。

3.2　丙方核对乙方缴存的保证金或清偿的融资授信贷款本金数额（即清偿应付利息后的余额）与提货申请书中的提货金额相符后，根据前述款项的数额在1个工作日内向甲方发出发货通知书（见附件4）。丙方累计通知发货的金额不能超过乙方在丙方开立的保证金账户中保证金的余额或已清偿的融资授信贷款数额。

3.3　甲方收到丙方出具的发货通知书后，向丙方发出发货通知书收到确认函（见附件5），同时按照丙方的通知金额向乙方发货。

3.4　在本合作协议项下，无论采用的是何种融资方式，丙方出具的发货通知书是甲方向乙方发货的唯一凭证。甲方保证其向乙方发出的全部货物均只凭丙方开具的发货通知书，并严格按照发货通知书的内容发货，其累计实际发货金额不能超过丙方累计通知发货金额。

3.5　若甲方未按丙方出具的发货通知书所规定的金额发货，超出部分不得计入本协议第4.3条约定的累计发货的货款总金额。甲方和乙方之间由此产生的纠纷与丙方无关，丙方对甲乙双方的损失不承担任何责任。

3.6　乙方收到甲方的发货后，应向丙方出具货物收到告知函（见附件6）。

3.7　为了确保提货环节的准确无误，甲、乙、丙三方约定：

3.7.1　三方指定专人负责联系和操作本协议项下的业务。如有变动，应当立即书面通知对方，在对方收到书面通知之前，原经办人员所办理的业务仍然有效。

3.7.2　三方在业务发生前预留印鉴和签字样本，业务办理过程中，收到银行承兑汇票收到确认函、提货申请书、发货通知书、发货通知书收到确认函、货物收到告知函等文件后，应认真核对印鉴和签字是否与预留样本相符，并对核对结果负责。

3.7.3　发货通知书、发货通知书收到确认函、货物收到告知函等重要文件应派专人直接送达。不能专人直接送达的，应采用快递或挂号信等稳妥方式传递，同时应电话通知对方。

3.7.4　三方应视提货发生频率定期对账（但每月不能少于一次），任何一方都应无条件给予配合。三方如出现核对不一致的情况时，应立即停止办理发货手续，查明原因并解决后，方可重新开始办理发货手续。

3.7.5　甲方保证，在乙方提货时必须审查丙方出示的提货通知书。提货通知书非丙方预留印鉴证明书（见附件7）上的预留印鉴和签字样本，甲方不得允许乙方提货。甲方违反上述规定给乙方提货的，所提货物不得计入本协议第4.3条约定的累计发货的货款总金额，应当向丙方承担连带还款责任。

第四条　融资授信到期

4.1　银行承兑汇票到期，如果银行承兑汇票对应的保证金金额达到100%，即丙方累计出具的发货通知书货款总金额达到银行承兑汇票总金额时，则银行承兑汇票到期付款后，该笔业务正常结束。

4.2　借款到期，如果乙方清偿相应的全部债务，该笔业务正常结束。

4.3　银行承兑汇票/借款到期前10天，如果银行承兑汇票对应的保证金金额不足100%，或乙方提前还款金额不足以清偿全部债务，即甲方仅根据丙方累计出具的发货通知书计算，累计发货的货款总金额小于票面金额/收款证明中的金额时，丙方向甲方发出退款通知书（见附件8）。甲方收到退款通知书后3个工作日内，必须无条件按退款通知书的要求将差额款项汇入丙方指定的银行账户。丙方的退款通知自发出之日起即视为送达甲方。

4.4　若甲乙双方全部或部分终止购销协议，甲乙双方应立即通知丙方，甲方应当于协议终止____日内将相应款项退还丙方。采用第2.2.1款所列融资授信方式的，若银行承兑汇票未背书转让，也可将银行承兑汇票直接退还丙方，乙方对此不持异议。

4.5　如果甲方没有按时退款，丙方有权以自己的名义直接向甲方追索上述款项，甲方对此不持异议。乙方作为银行承兑汇票申请人/借款人应无条件向丙方补足保证金/清偿全部借款本息。乙方补足保证金/清偿全部借款本息后，仍有权向甲方追索其应该退还的差额款项。

4.6　银行承兑汇票/借款到期时，若甲方未将差额款项退还丙方且乙方未补足保证金致使丙方垫款/乙方未清偿全部借款本息致使借款逾期，则乙方应按相应的银行承兑协议/借款合同中约定的罚息利率向丙方支付垫款/逾期罚息。乙方支付罚息后，甲乙双方可根据责任确定罚息最终的承担者。

4.7　采用第2.2.3款所列融资授信方式的，则视具体业务按照上述规定进行操作。

第五条　声明和保证

5.1　三方在此声明和保证如下：

5.1.1　三方均为依法成立并合法存在的企业法人或金融机构，有权以自身的名义、权利和权限从事本协议项下的业务经营活动，并以自身的名义签署和履行本协议。签署本协议所需的有关文件和手续已充分齐备及合法有效。

5.1.2　甲乙双方所签订的购销协议具有真实的贸易背景，双方均怀有诚意，积极准备履行该协议。甲乙双方全部或部分终止购销协议，甲乙双方保证及时通知丙方。

5.1.3 甲乙双方保证其双方不存在资本控制和参与关系，在购销协议签订之前无任何未决争议或债权债务纠纷。

5.1.4 甲方向丙方退还差额款项的责任是独立的，甲方和乙方之间、甲方和丙方之间的任何协议或者争议或任何条款的无效都不影响甲方的退款责任。

5.1.5 甲方声明并保证其向丙方退回差额款项是无条件的，无须丙方先向乙方索偿或丙方先对乙方采取任何法律行动；产品质量、商品价格、交货期限等购销协议内容的变动以及是否存在甲方超出丙方出具的发货通知书规定金额发货事实，均不影响甲方无条件退回差额款项的义务。

5.1.6 甲方保证在收到丙方承兑的银行承兑汇票后，若需贴现，将优先选择丙方叙做贴现。

5.1.7 各方将按照诚实信用原则履行本协议，并给予本协议各方必需的协助和配合。

第六条 违约责任

6.1 本协议任何一方违反本协议的任何条款（包括声明和保证条款）均构成本协议项下的违约行为，应当向守约方支付违约金或损害赔偿金。迟延履行给付金钱义务的，应当按照未给付金额的每日万分之二点一向守约方支付滞纳金。对于其违约行为给守约方造成损失，应负责赔偿（乙方在融资协议项下的违约行为，依照融资协议的相关约定承担违约责任）。赔偿损失的范围包括但不限于本金、利息、罚息、可以预见的可得利益及实现债权的所有费用（包括但不限于诉讼费、仲裁费、保全费、公告费、评估费、鉴定费、拍卖费、差旅费、律师费等）。

6.2 甲方、乙方违反本协议，或者乙方违反融资授信协议项下的任一子协议或从协议，或者甲乙双方终止购销协议，丙方均有权终止本协议的执行、停止乙方使用融资授信额度、宣布额度提前到期或削减乙方可以使用的融资授信额度，并有权采取包括诉讼在内的措施进行追偿。

6.3 甲方未按照本协议约定付款，乙方在融资授信协议项下的票据责任或还款责任并不因为本协议的签署而得到宽容、减少、消灭或豁免。

第七条 其他约定

7.1 三方约定的其他事项：________________

____。

第八条　争议解决

8.1　三方在本协议履行中发生争议，应协商解决；协商不成的，三方选择按下列第____款所列方式解决。

8.1.1　向丙方住所地人民法院起诉。

8.1.2　向____________仲裁委员会申请仲裁。

第九条　协议生效

9.1　本协议于三方当事人签章后生效，直至乙方在融资授信额度协议项下的全部债务得到清偿后终止。

第十条　协议文本及附件

10.1　本协议甲方______份、乙方____份及丙方____份，其法律效力相同。

10.2　本协议涉及的下列附件是协议不可分割的组成部分：

附件1：银行承兑汇票收到确认函。

附件2：收款证明。

附件3：提货申请书。

附件4：发货通知书。

附件5：发货通知书收到确认函。

附件6：货物收到告知函。

附件7：预留印鉴证明书。

附件8：退款通知书。

10.3　丙方已采取合理方式提请甲方、乙方注意本协议项下免除或限制其责任的条款，并按甲方及乙方要求对有关条款予以充分说明；甲、乙、丙三方对本协议所有条款内容的理解不存在异议。

甲方：　　　　　　　　　　　　　　　　　　　　（盖章）

法定代表人：
（或委托代理人）　　　　　　　　　　　　（签字）

______年____月____日

乙方：　　　　　　　　　　　　　　　　　（盖章）

法定代表人：
（或委托代理人）　　　　　　　　　　　　（签字）

______年____月____日

丙方：　　　　　　　　　　　　　　　　　（盖章）

法定代表人/主要负责人：
（或委托代理人）　　　　　　　　　　　　（签字或盖章）

______年____月____日

附件1

银行承兑汇票收到确认函

（适用于保兑仓业务项下供货商向银行发出的收到银行承兑汇票的确认）

编号：________

银行________________：

作为编号为__________《未来提货权融资业务合作协议书》项下的供货商，我公司已收到由________公司（购货商）签发的、贵行承兑的编号为________《购销协议》项下金额合计为（大写）________________________元的银行承兑汇票共______张，具体明细如下：

	1	2	3	4	5
汇票号码					
汇票金额					
出票日期					
汇票到期日					

特此确认。

________________公司

（预留印鉴）

有权签字人：

年　　月　　日

附件2

收款证明

（适用于保兑仓业务项下供货商向银行发出的收到货款的确认）

编号：________

银行____________：

作为编号为________________《未来提货权融资业务合作协议书》项下的供货商，我公司已收到该合作协议书项下编号为________________《购销协议》项下货款金额：（大写）____________________

特此确认。

____________公司

（预留印鉴）

有权签字人：

附件3

提货申请书

（于购货商向银行申请提货时使用）

编号：________

银行____________：

根据编号为__________的《未来提货权融资业务合作协议书》及编号为《购销协议》约定，我公司现申请提取______（数量）的_________________（商品名称），金额为人民币（大写）__________________________（明细如下）。我公司已经：

□将相应款项交存到我公司在贵行开立的保证金账户中（银行承兑协议编号：____）。

□偿还相应金额的债务（借款合同编号：__________）。

请贵行核查后向________________公司（供货商）开出发货通知书。

申请提取货物明细：

名称	规格	重量	数量	金额	相关凭证号	备注

此次提货经办人：____________，身份证号码：____________。

申请人：____________公司

（预留印鉴）

有权签字人：

年　月　日

附件4

发货通知书

（适用于保兑仓业务项下银行向供货商发出的发货通知）

编号：________

________公司（供货商）：

根据银行与贵公司及________公司（购货商）签订的编号为________《未来提货权融资业务合作协议书》及编号为________《购销协议》约定，经银行审查，同意________公司（购货商）向贵公司提取数量为________的（商品）________，其金额为（大写）________，请贵公司予以审核按此金额为限（明细如下）办理发货手续。

到本次发货通知书（含本通知书）为止，银行通知贵公司向购货商发货的累计金额为（大写）________。

货物明细：

名称	规格	重量	数量	金额	相关凭证号	备注

此次提货经办人：________，身份证号码：________。

银行________

（预留印鉴）

有权签字人：

年　月　日

附件 5

发货通知书收到确认函

（适用于保兑仓业务项下银行向供货商发出发货通知后、其出具收到通知的确认函）

编号：________

银行____________：

我公司于____年___月___日收到贵行出具的编号为______________《购销协议》项下编号为____________的发货通知书，我公司审核后将按发货通知书中告知的________元限额（明细如下）发货。

货物明细：

名称	规格	重量	数量	金额	相关凭证号	备注

特此确认。

_______________公司

（预留印鉴）

有权签字人：

年　　月　　日

附件6

货物收到告知函

（适用于保兑仓业务项下购货商收到供货商发出的货物后向银行发出的通知）

编号：________

银行____________：

我公司于____年___月___日收到________________（供货商）发出的编号为____________《购销协议》项下____________（货物名称），数量为____________，金额为（大写）________________。

货物明细：

名称	规格	重量	数量	金额	相关凭证号	备注

特此告知。

________________公司

（预留印鉴）

年　月　日

附件 7

预留印鉴证明书

（于保兑仓业务项下三方当事人预留印鉴时使用）

为了使______________公司（供货商）、______________公司（购货商）和银行三方签订的编号为__________的《未来提货权融资业务合作协议书》安全、顺利地执行，三方将指定专人负责联系工作，并在此预留印鉴和签字样本。本业务项下的银行承兑汇票收到确认函、收款证明、提货申请书、发货通知书、发货通知书收到确认函、货物收到告知函、退款通知书上的印鉴和签字必须与下面预留样本相符方为有效。

预留印鉴和签字样本：

供货商：	购货商：	银行：
印鉴样本：	印鉴样本：	印鉴样本：
有权签字人签字样本：	有权签字人签字样本：	有权签字人签字样本：
通信地址及邮政编码：	通信地址及邮政编码：	通信地址及邮政编码：

本预留印鉴证明书一式三份，甲乙丙三方各执一份，具有同等效力，并据此核对有关业务附件和单据。如任何一方需更改预留印鉴和签字样本，应提前通知另外两方。

供货商（盖章）：

法定代表人或委托代理人：（签字）

年 月 日

购货商（盖章）：

法定代表人或委托代理人：（签字）

年 月 日

银行________________（盖章）：

法定代表人/主要负责人：

（或委托代理人）（签字或盖章）

年 月 日

附件 8

退款通知书

（于保兑仓业务项下银行要求供货商退款时适用）

编号：________

__________公司（供货商）：

根据银行与贵公司及____________________公司（购货商）签订的编号为____________《未来提货权融资业务合作协议书》及编号为__________《购销协议》约定，贵公司于_____年____月____日收到银行承兑的银行承兑汇票/款项共计__________________元（大写）。该汇票/款项将于_____年____月____日到期。截至今日，贵公司已累计发货金额为________________（大写），未发运货物共计________________元（大写）。根据约定，贵公司应退货款（大写）____________________。请贵公司于收到本通知书后____日内将上述应退款项付至以下银行账户。

开户行：________________________

户名：________________________

账号：________________________

备注：

银行______________

（预留印鉴）

有权签字人：

年　月　日

退款通知书（回执）

编号：________

致：银行______分行

贵行签发的 NO：__________退款通知书我公司业已收到，本公司确认在_____年___月___日前将________万元付至__________在贵行开立的账户：______________

此复。

公司盖章：______________

年　月　日